日本語における聞き手の話者移行適格場の認知メカニズム

ひつじ研究叢書〈言語編〉

【第56巻】日本語の主文現象 − 統語構造とモダリティ　　長谷川信子 編
【第57巻】日本語会話における言語・非言語表現の動的構造に関する研究
　　　　　　　　　　　　　　　　　　　　　　　　　　　坊農真弓 著
【第58巻】ニュータウン言葉の形成過程に関する社会言語学的研究
　　　　　　　　　　　　　　　　　　　　　　　　　　　朝日祥之 著
【第59巻】韓日新聞社説における「主張のストラテジー」の対照研究
　　　　　　　　　　　　　　　　　　　　　　　　　　　李貞旼 著
【第60巻】ドイツ語再帰構文の対照言語学的研究　　　　　大矢俊明 著
【第61巻】狂言台本とその言語事象の研究　　　　　　　　小林賢次 著
【第62巻】結果構文研究の新視点　　　　　　　　　　　　小野尚之 編
【第63巻】日本語形容詞の文法 − 標準語研究を超えて　　工藤真由美 編
【第64巻】イメージ・スキーマに基づく格パターン構文 − 日本語の構文モデルとして
　　　　　　　　　　　　　　　　　　　　　　　　　　　伊藤健人 著
【第66巻】日本語の文章理解過程における予測の型と機能　石黒圭 著
【第67巻】古代日本語時間表現の形態論的研究　　　　　　鈴木泰 著
【第68巻】現代日本語とりたて詞の研究　　　　　　　　　沼田善子 著
【第69巻】日本語における聞き手の話者移行適格場の認知メカニズム
　　　　　　　　　　　　　　　　　　　　　　　　　　　榎本美香 著
【第70巻】言葉と認知のメカニズム − 山梨正明教授還暦記念論文集
　　　　　　　　　　　　　　　　　　　　　　児玉一宏・小山哲春 編

ひつじ研究叢書〈言語編〉第69巻

日本語における聞き手の話者移行適格場の認知メカニズム

榎本美香 著

ひつじ書房

目　次

第 1 章　序論　1
   1.1　本研究の目的　1
   1.2　研究の背景と本研究の位置づけ　3
   1.3　本書の構成　5

第 2 章　関連する先行研究とその基礎的概念　7
   2.1　話者交替システム　7
   2.2　ターン構成単位完結可能点の投射と話者交替適格場　12
   2.3　投射に使われるリソース　14
   2.4　無標な位置での交替　15
   2.5　重複と妨害　16
   2.6　ターン配分　18
   2.7　本研究でのアプローチとその位置づけ　20
       2.7.1　先行研究における問題点　20
       2.7.2　本研究のスコープ　20
       2.7.3　本研究での分析対象についての但し書き　23

第 3 章　本研究で導入する研究手法　25
   3.1　会話分析の研究手法：その利点と問題点　26
       3.1.1　会話分析の背景　26

	3.1.2　会話分析の研究手法	31
	3.1.3　会話分析の利点	33
	3.1.4　会話分析の問題点	35
3.2	コーパス言語学の研究手法：その利点と問題点	37
	3.2.1　コーパス言語学の背景	37
	3.2.2　コーパス言語学の研究手法	40
	3.2.3　コーパス言語学の利点	45
	3.2.4　コーパス言語学の問題点	46
3.3	言語心理学の研究手法：その利点と問題点	47
	3.3.1　言語心理学の背景	47
	3.3.2　言語心理学の研究手法	49
	3.3.3　言語心理学の利点	53
	3.3.4　言語心理学の問題点	54
3.4	本研究で提案する研究手法	55

第4章　日本語における相手話者発話中の発話開始現象　　59

4.1	はじめに	59
	4.1.1　H. Clark(1994)の分類	60
	4.1.2　改良された分類	61
4.2	分析1	64
	4.2.1　方法	64
	4.2.2　結果	65
	4.2.3　考察	66
4.3	分析2	67
	4.3.1　方法	67
	4.3.2　結果	67
	4.3.3　考察	69
4.4	まとめ	73

第5章　移行適格場としての発話末要素　75

- 5.1　はじめに　75
  - 5.1.1　日本語のターン構成と発話末要素　75
  - 5.1.2　発話末要素による話者交替の実現の仕方　78
- 5.2　実験1　81
  - 5.2.1　概要　81
  - 5.2.2　方法　82
  - 5.2.3　結果　85
  - 5.2.4　考察　86
- 5.3　実験2　87
  - 5.3.1　方法　88
  - 5.3.2　結果　91
  - 5.3.3　考察　93
- 5.4　総合的考察　95
- 5.5　まとめ　99

第6章　話者交替適格場の認知メカニズム　103

- 6.1　はじめに　103
- 6.2　方法　107
- 6.3　結果　112
- 6.4　考察　114
- 6.5　まとめ　120

第7章　多人数会話における次話者選択　123

- 7.1　はじめに　123
- 7.2　方法　126

7.3	結果	131
7.4	考察	136
7.5	まとめ	139

第 8 章　今後の展望　　　　　　　　　　　　　　　　141

8.1	話者交替のタイミングに関わる研究	141
8.2	次話者選択に関わる研究	142
8.3	本研究が果たす他分野への貢献	145

第 9 章　結論　　　　　　　　　　　　　　　　　　　149

参考文献　　　　　　　　　　　　　　　　　　　　　153

索引　　　　　　　　　　　　　　　　　　　　　　　161

あとがき　　　　　　　　　　　　　　　　　　　　　165

図目次

図 2.1	会話例(3人の自由会話より)	11
図 2.2	Schegloff(1996b)における完結可能点	13
図 2.3	Couper-Kuhlen(1993)による話者交替間のリズム	16
図 2.4	話者交替の円滑さの分類	17
図 2.5	本書の扱う対象と関連する研究分野	22
図 3.1	因果関係を検討するための実験計画	51
図 5.1	Tanaka(1999)における完結可能点	78
図 5.2	完結可能点表示装置とTCUの遡及的表示	79
図 5.3	開始位置条件の各水準の妨害度得点の平均値	86
図 5.4	日本語における移行適格空間の開始位置	87
図 5.5	重複位置条件と発話末要素継続時間条件の各水準の妨害度得点の平均値	92
図 5.6	妨害度と発話末要素開始からの経過時間との間の回帰モデル	93
図 5.7	対話例(日本語地図課題コーパスより抄録)	96
図 6.1	日本語における前完結可能点の認知的メカニズム	105
図 6.2	完結可能点、非完結可能点の認知処理パターン	108
図 6.3	休止区間開始時からの反応表出時間	113
図 6.4	発話末要素開始地点からの反応表出時間・反応開始推定時間	116
図 6.5	刺激長が短い「ます」に対する反応表出時間	117
図 6.6	刺激長が長い「ます」に対する反応表出時間	118
図 6.7	「ですか」に対する反応表出時間	119
図 7.1	会話収録時の機材と会話参加者の配置	126
図 7.2	収録前の様子	127
図 7.3	会話の収録に使用したサイコロ	127
図 7.4	収録に用いた機材	128
図 7.5	アノテーションに用いた映像ファイルとアノテーションの例	130
図 8.1	受け手から次話者への変化パターン	144

表目次

表 3.1	先行諸分野における研究手法の利点と問題点	26
表 4.1	重複発話の談話機能別の発生頻度	65
表 4.2	地図課題対話 8 対話における全発話の談話機能別の発生頻度	66
表 4.3	被重複発話の談話機能別の発生頻度	68
表 4.4	被重複発話と重複発話の談話機能の生起頻度の組み合わせ	68
表 5.1	日本語地図課題コーパス中に出現した発話末要素	77
表 5.2	ターン構成単位の境界	82
表 6.1	ターン中の潜在的前完結可能点の有無×発話末要素の有無による実験刺激の配置（[ ] 内は略記のための呼称。UFE は utterance-final element の略称である）	110
表 7.1	話者交替に関わる信号（Duncan, 1972）	125
表 7.2	言語・非言語行動の生起頻度	132
表 7.3	各行動単位の生起頻度の相関(* は 5% 水準で有意)	132
表 7.4	話者交替型の生起頻度	133
表 7.5	TSZ における視線行動	134
表 7.6	TSZ における視線交差の生起頻度とその生起位置の平均値（単位は秒）	135
表 7.7	現話者の視線行動の有無による話者交替時の休止時間長（単位は秒）	136
表 7.8	視線交差の有無による話者交替時の休止時間長（単位は秒）	136

用語リスト

ターン (turn)
ある話者が順番を取って発話をするための発話権。発話権を得て話された1人の話者の一続きの発話もターンと呼ぶ。

ターン構成単位 (turn constructional unit; TCU)
ターンを構成しうる最小の単位であり、文、節、句、単語が含まれる。ターンは1つ以上のTCUから構成される。話し手がこの単位を用いて話すなら、ターンを取得することが可能になる。この単位の終わりには完結可能点があり、単位中の各要素がこの完結可能点を投射するので、聞き手にとってもこの単位の完結可能点が認識できる。ただし、「あいづち」などはこの単位に相当せず、話し手は「あいづち」によってターンを取得できない。

完結可能点 (possible completion point)
TCUの末尾であり、ターンが完結しうる点である。TCUは複数用いられることもあり、完結可能点で必ずしもターンが終了するわけではないが、この位置では常にターン配分規則が適用される。

前完結可能点 (pre-possible completion point)
TCUの最終要素が出現すると、完結可能点への投射が強く働き、この位置からターン配列規則の適用が可能になる。

話者交替適格場 (transition-relevance place; TRP)
各TCUの末尾に存在する話者交替にふさわしい場所である。Schegloff (1996b)は、前完結可能点から完結可能点までの間を指すとしている。

無標な重複 (overlap)
TRP付近に生じる音声的重複。この重複は terminal overlap とも呼ばれ、聞き手が完結可能点を予測した上で話し出した結果生じるものとされるもので、ターン配分規則に従っている。

妨害 (interruption)

TRP 以前の TCU に対してなされる重複。完結可能点とは関係ないところで聞き手が話し出すことによって生じる重複で、相手の発話権への侵害となる。ターン配分規則に違反している。

隣接ペア (adjacency pair)

「質問―返答」「依頼―承諾／拒否」「提案―受諾／拒否」などの発話対を指し、先に出現する「質問」「依頼」「提案」といった発話を隣接第一部分 (first part)、後に出現する「返答」「承諾／拒否」といった発話を隣接第二部分 (second part) と呼ぶ。詳細は、2.1 節を参照。

ターン配分 (turn-allocation)

次のターンを誰に割り振るかということ。

受け手 (addressee)

話し手に呼びかけられる、見られるなどすることによって、その発話の宛先とされている聞き手。話し手がある聞き手に発話を向けることを addressing、または、address するという。

第1章 序論

1.1 本研究の目的

　本研究の目的は、円滑なインタラクションを実現するために、聞き手がリアルタイムに行っている認知処理のプロセスを明らかにすることにある。円滑なインタラクションを行うための大前提として、話者が交互に話すという事象が実現されなくてはならない。聞き手は話し手の発話の理解や次の自分の発話計画ができたらいつでも話し出せるというわけではなく、話し出すのに適切なタイミングを待たねばならない。適切なタイミングとは、相手の発話の終了付近であり、Sacks, Schegloff, and Jefferson(1974)はこの位置を話者移行適格場(transition relevance place; TRP)と名づけている。相手の発話を妨害したり、気まずい沈黙を避けるためには、聞き手は TRP で話し出さねばならない。

　この場所は相手の発話が終了する間際であり、聞き手は言語の統語構造や韻律情報、会話中の語用論的構造によってこの場所を予測し、その予測に基づいて話し出すとされている(Schegloff, 1996b)。例えば、主部の出現は述部が後続することを予測させるし、フィラーの出現はまだその発話が継続することを予測させる。if や when などの従属節で発話が始まると、後ろに主節が後続することを予測させる。このように、発話に含まれる言語的要素を利用して、聞き手は TRP を予測できるのである。英語のように、語順によって格構造が主に決定される言語では、完結可能点までの投射を可能にするうえで、特に統語(文の構造)が重要な役割を果たしているとされている

(Sacks, 1992; Schegloff, 1996b; Duncan & Fiske, 1977; Orestrom, 1983; Ford & Thompson, 1996)。英語においては、文頭に比較的近い位置に発話の形式やタイプを投射する要素が出現し、主に統語構造が語順によって決定されるため、発話冒頭から徐々に文の完了付近への予測がなされていくと言われている。

ところが、格構造が語順によって決定されない言語では完結可能点への投射に統語情報を用いるのは困難である。格マーカとしての助詞が主に格関係を表示する日本語では表層上の語順が自由であり (Hinds, 1982; Mori, 1999; Hayashi, Mori, & Takagi, 2002)、発話の終了地点に近づくまで最終的な発話の枠組みは暫定的で修正可能である。また、一般的には述部要素の終わりが文法的完結可能点とみなしうるにもかかわらず (Kuno, 1973)、述部要素のさらに後方に様々な語がくることもある (Ono & Suzuki, 1992; Maynard, 1983; Ford & Mori, 1994)。接続助詞や引用表現、否定辞が文の後方に置かれるため、常に漸進的な変形可能性を有しており（藤井、1995）、動詞語幹の生起は完結可能点への投射をもたらすが、そこが完結可能点となるかどうかを判断するには不十分である。日本語は、発話の終了が非常に予測しにくい言語といえる。

しかし、実際の会話では話者移行は極めて円滑に生じており、予測の不確定さに基づく発話間の時間的隔たりや無秩序な音声的重複による深刻なトラブルは見られない。円滑な話者の移行は、先行発話の終了地点を知らせる何らかの手がかりが存在していることを意味する。

本研究では、日本語において発話末を聞き手に知らせるための手がかりとして、発話の終了を示す助動詞や終助詞などの「発話末要素」が重要な役割を果たしていることを明らかにする。そして、発話文の中で突然判明するTRPに対する聞き手の認知処理をモデル化し、まさにこの「発話末要素」を利用して聞き手が話者交替を行っていることを実証する。聞き手は発話末要素を認識するや否や話者移行に適切な発話末が到来したと認知的判断をすること、この認知的判断が行われた後で発話の重複が生じても相手への妨害とは受け取られないという意味で、発話末要素以降が話者交替にふさわしい

領域であることを実証する。

1.2　研究の背景と本研究の位置づけ

　Chomskyによって、言語学は、人は言語をどのようにして生成することが可能になるのかという人間の言語能力を取り扱う学問とされた。そして、容認可能な文か否かを研究者の内省によって調べることで、言語の複雑な構造的特性を生成する規則を明らかにするという手法が確立される。ここでは、フィラーや言い直しなどの夾雑物は、文法の構造を発見するのに邪魔なだけで、研究者が内省によって導いた文法的に正しい文の方がよほど研究対象に適しているとした。

　しかし、言語は他者とのインタラクションを行うために利用されるものであり、どれほど些細に見える言語要素もコミュニケーション上の重要な役割を持つ。発話中のフィラーは、発話がまだまだ続くことを意味しているし、言い直しは、聞き手の注目を引き視線を自分に向けてもらうという機能(Goodwin, 1981)や発話重複の解消という機能を持っている。依頼に対する応答発話に、フィラーや言い淀みが見られるなら、それはこれから相手にとって好ましくない否定的な内容の応答がなされることを示す(Levinson, 1983)。Schegloff(1996b)は、こういったインタラクションに利用されている言語の用法を "Interaction Grammer" と名づけた。

　我々が母語を獲得するとき、文法的な文を書物で読んで身につけるわけにはいかない。両親や周りに居る人々とのインタラクションを通じて初めて言語を身につけることができる。このとき、言語の文法と同時に、インタラクションのための文法を身につけるのだと考えられる。本研究では、このインタラクションのための文法を扱う。

　SacksやSchegloffらの会話分析家は、社会生活の中での最もありふれた活動をその具体的な細部にわたって観察し、それらの活動に見られるインタラクションのための文法を記述している。彼らが明らかにしたその文法のうち、最も有名なものが『話者交替システム』(2章に詳述)である。しかし、

彼らは会話で生じている現象を記述するに研究を留めることを旨としており、その現象を生成している人間の心的過程には踏み入らない。

人間の心的過程を扱うことを旨としているのは心理学であり、特に言語の産出や理解を扱うのは心理言語学あるいは言語心理学と呼ばれる分野である。本書では、原則として「言語心理学」と呼ぶ（3.2.2 参照）。Levelt(1989)は、時間の中で進行する文産出の過程に迫る道を示している。Clark(1996)は、インタラクションを話し手と聞き手の共同行為として捉え、聞き手の行為として、話し手の発話に対する注目、信号の同定、命題の理解、提案の考慮といった行為がなされる、というモデル[1]を提案している。

本研究はこれら言語心理学の系統に位置するもので、インタラクションのための文法に従って人々が話者交替を行うとき、どのような認知処理を行っているのかを明らかにする。インタラクションのために言語がどのような心内過程を経て使用されているのかを解明しようとするものである。

本書では、主に話者交替のタイミングに関わる諸要素を明らかにする。

まず日本語対話コーパスにおいてなされている話者交替を概観した後、聞き手が話者交替において実際に行っている事象に焦点をあて、次の4つの研究課題に取り組む。

- 2人以上の話者が同時に話している（重複）時間が予想外に多いが、この重複にはどのような規則性があるのか
- 日本語におけるターンの単位はどのように決定できるか
- 日本語のターン単位を用いたときどのようなタイミングで話者交替が生じるのか
- 複数の聞き手がいる会話では誰が次話者になるのか

といった諸点である。本研究では、話者交替に関わる諸々の問題をクリアーにし、人間が話者交替に際して行っている行動原理を明らかにすることとする。会話の観察・分析・実験を通じて、日本語において話者交替を実現するために利用される情報—交替のタイミングを測るためには発話の統語的情報のうち発話末に出現する要素を用いれば十分であること、次話者を決定するためには先行発話中の参与者たち全員の視線配布を利用する必要があること

を示し、日本語における話者交替のメカニズムが参与者たち自身によってどのように達成されているのかを詳らかにする。

1.3 本書の構成

本書の構成は以下のものである。

第 1 章
本章「序論」では本研究の背景とその中での位置づけ、本研究の目的を述べた。

第 2 章
本研究に関連する先行研究の中で作られてきた基礎的概念を中心に紹介し、その問題点を明確にした上で、本研究がとる立場と関連諸分野における本研究の位置づけを示す。

第 3 章
本研究で提案する研究手法の下敷きとなっている、会話分析、コーパス言語学、言語心理学が成立するに至った経緯とその研究手法を紹介し、それぞれの手法の利点と問題点について考察する。そして、それぞれの問題点をカバーする学際的研究手法を提案する。

第 4 章
日本語地図課題対話コーパスを観察し、これまで先行研究から明らかになっている話者交替時の事象が日本語においても当てはまるか否かを概観する。

第 5 章
話し手の発話中の統語的情報——「です」や「ます」などの発話末に出現する要素が話者交替のタイミングを指し示すものとして有効なことを提唱し、これを聞き手が利用して話者交替を行うなら円滑な話者交替となることを検証する。

第 6 章
話者交替時に聞き手が行っている認知的メカニズムのモデルを提唱し、第5章で取り上げた発話末要素をトリガーとして聞き手が次発話を開始したとき

に限り円滑な話者交替が実現することを実証する。

第7章
話者交替時における次話者選択という問題を取り上げ、複数の聞き手がいる会話において次話者がどのように決定されていくのかを分析する。

第8章
本研究の今後の展開と関連する諸分野に対して期待される貢献について述べる。

第9章
最後に、本研究で扱った会話研究の動向を紹介し、本書の結びとする。

注

1 「基盤化理論(grounding theory)」と呼ばれる。

第 2 章　関連する先行研究とその基礎的概念

本章では話者交替に関連する先行研究を紹介し、話者交替に関わる基礎的概念をまとめる。そして、これらの先行研究に対する本研究の位置づけを最後に示す。

2.1　話者交替システム

話者交替という現象は、Sacks、Scheglo ff や Je fferson らエスノメソドロジストによる丹念な会話の観察により発見された。彼らは、会話の中に繰り返し現れる現象に着目し、会話参与者たちが運用しているインタラクションのリソースを発見するという手法を通じて、話者交替の頑健な記述に成功している。彼らは、話者交替を考えるにあたり、以下の現象を観察している (Sacks et al., 1974)。

1. 話し手の交替が少なくとも一回以上生じる。
2. 一時には 1 人の人が話していることが圧倒的に多い。
3. 2 人以上の参与者が話しているとしても、その時間は短い。
4. 話者が交替するときにはギャップ(gap: 発話と発話の間の短い間)や重複(2 人以上の話者が同時に話していること)は見られないのが普通である。
5. 発話する人の順番は決まっておらず、変化に富む。
6. 発話の長さは決まっておらず、変化に富む。
7. 会話の長さは前もって特定されない。

8. 何を話すかは前もって特定されない。
9. 各発話がどのように関連した貢献をするかは前もって特定されない。
10. 会話に参加する人(参与者)の人数は変化に富む。
11. 発話順を割り振るテクニックが明らかに使われている。現在話している人(現話者)がある聞き手を発話の向け先として選び、その聞き手に質問すると、その聞き手を次話者として選ぶことになったり、または、聞き手自身が自分で自分を次話者に選ぶ。
12. 様々な発話を構成する単位が使われる。一語文から長い統語的構造をもった文が使われる。
13. 話者交替中に生じた間違いや妨害を修復するためのメカニズムがある。もし、2人の話者が同時に話していることに気づいたら、そのうちの1人が話しやめることで、この問題は修復される。

　常に話している人が1人(2人以上の話し手が存在し続けることは稀である)ということは、話す権利を参与者たちがお互いに取得しあっていると考えられている。この話す権利を得て発話されたものをターン(turn)と呼ぶ。このターンを参与者間で順繰りに配分するために、会話の中で組織的に機能している話者交替システムが提唱されている。このシステムは次に挙げる2つの要素と1つのルールからなる。以下 Sacks et al. (1974)からの引用である。

ターン構成要素(turn-constructional component)
話し手はターンを構成するために様々なタイプの単位を用いる。これをターン構成単位(turn constructional unit; TCU)と呼ぶ。英語でいえば、この単位は、文、節、句、単語が含まれる。この単位のタイプはこの単位がどこで完結するかについての投射(project)[1]をもたらす。話し手は話し出すとともにこの単位を用いる。この単位の最初の完結可能点(possible completion point)が話者移行適格場(TRP)[2]となる。話し手の移行はこの単位が達するであろうTRPを参照することによってコーディネイトされる。

ターン配分要素(turn-allocation component)

ターン配列テクニックは2つのグループにわかれる。(a)現話者による次話者選択と(b)次話者による自己選択である。

「現話者による次話者選択」のためのテクニックとしては、隣接ペアが挙げられている(Sacks et al., 1974)。隣接ペアの例としては「質問—返答」「挨拶—挨拶」「提案—受諾/拒否」などがある。隣接ペアは、以下のような特徴をもつ(Schegloff & Sacks, 1973)。

- 2つの発話からなり、
- この構成成分としての2つの発話は隣接した位置に置かれ、
- 各々の発話をそれぞれ別々の話し手が生成する。
- あるペアの成分には相対的な順序が存在し、第一部分(first part)が第二部分(second part)に先行する。
- あるペアの成分はもう1つの成分を特定する関係にある。すなわち、ある第一部分は同一ペアタイプの第二部分を要求する。

Sacksらは、現話者が次話者を選択するためのテクニックの1つとして、隣接ペア第一部分の使用を挙げている。現話者がある聞き手を発話の向け先として選び、その聞き手に「質問」という言語行為を行うと、その聞き手を次話者として選ぶことになると述べている。

これら2つのターン構成とターン配分に関わる要素を用いて、話者交替は以下のルールにより行われる。

1. 最初のTCUにおける最初のTRPにおいて、
(a)「現話者による次話者選択」というテクニックを含んだTCUが構成されているなら、選択された者が次のターンを取る権利と義務を得る。他の参与者はその権利と義務を得ず、移行はここで行われる。
(b)「現話者による次話者選択」というテクニックを含まないTCUが構成されているなら、次の話者についての自己選択が可能になるが、これは

義務的ではない。最初に話し始めた者がターンを取る権利を得て、移行はここで行われる。
(c)「現話者による次話者選択」というテクニックを含まない TCU が構成されており、他の者が自己選択も行わないなら、現話者が話し続けることが可能であるが、義務的ではない。
2. 最初の TRP においてルール 1(a) や 1(b) が作動せず、1(c) に従って現話者が話し続けているならば、以降の TRP において、1(a)〜(c) が話者交替が生じるまで循環的に再適用される。

このルールは上から順に優先して適用される。従って、(1b) が適用されるためには、その時点において (1a) が適用されていないことが必要であり、(1c) が適用されるためには (1a)(1b) が共に適用されていないことが必要となる。裏を返せば、(1a) を適用するためには (1b) が適用可能になる前でなくてはならず、TRP が訪れる前に現話者による次話者選択が行われていなければならない。(1b) を適用するためには (1c) が適用可能になる前でなくてはならず、現話者が話し続けるより前に次話者による自己選択が行われていなければならない。

以下、例を挙げこの話者交替システムがどのように適用されているかを説明する。図 2.1 に挙げた例は 3 人の話者による自由会話[3]である。

01C の発話「B さん共学でした？」は、B を受け手として選んでいる状態（B に対する呼びかけを伴い、かつ B に視線を向けている状態）で、疑問調の韻律が用いられ「質問」という隣接第一部分が用いられている。すなわち、「現話者による次話者選択」というテクニックを含んだ TCU が構成されているので、ルール (1a) が適用される。選択された B は次のターンを取る権利と義務を得て、実際 02 において、C の「質問」に対応する第二部分「応答」を行っている。03–04、06–07、09–10 における話者交替はすべてこのルールが適用されていると捉えることができる。

これに対して、例えば 06 A の発話「えじゃ：初めて聞いたのはいつ？」は (1b) が適用された典型的なケースである。この前の発話 04 B「やったこ

Aが女子高であったせいもあり高校時代にフェミニズムの授業を受けていたと話し、Cが女子高ではあったが授業ではフェミニズムを習っていない、しかし、テレビ等ではフェミニズムが話題になっていたと話した後の会話である。

例1

01 C：Bさん共学でした？
02 B：共学でしたね：
03 C：で授業の中学高校とかの授業でフェミニズム[は？
04 B：　　　　　　　　　　　　　　　　　　　　[やったことないですね[：
05 C：　　[ふー[ん
06 A：　　　　[えじゃ：初めて聞いたのはいつ？
07 B：大学へ入って[からじゃないかな：
08 A：　　　　　　[うん入った
09 A：大学って哲学科だったっけ
10 B：や全然違う<878>社会学
11 C：ふううん

A、B、Cは話者記号である。<>で囲まれた数字は、ターン内に出現した休止時間長であり、単位はmsとする。[は重複開始位置を示す。＝は先行発話終了時間±100ms以内の準重複を示す。：は母音の引き伸ばし、？は疑問調のイントネーションがあったことを示す。

図2.1　会話例（3人の自由会話より）

とないですね：」はCに対して発話されており、05Cの発話「ふーん」はBに向けて発話されている。Aがどちらの発話に反応して発話を開始したのかはわからないが、とにかく、06に先行する発話はいずれもAを受け手として選んでいるわけでもなく、隣接第一部分が使用されているわけでもない。すなわち、「現話者による次話者選択」というテクニックを含まないTCUが構成されている。そこで、Aは前の発話が終わるか終わらないかというとき、(1b)を適用し、真っ先に話し始めることで次の話者になる権利を

得ている。02–03、04–05、07–09における話者交替では、先行発話者は次話者になった者を見ながら話しており、ある聞き手を受け手として選択している。しかし、いずれも隣接第一部分を構成するTCUではないので、03、05、09の発話はいずれも(1b)の適用による自己選択による話者交替が生じていると捉えることができる。

また、10Bの発話「や全然違う<878>社会学」は(1c)が適用されたターンである。「や全然違う」の後で(1b)が適用可能であったが、誰も話し出さなかったので、(1c)の適用が可能になり、続く「社会学」という部分を継続したと捉えられる。

このようにこのルールを用いるなら、ターンを取る順番やターンの長さが予め決まっていなくても、スムーズに話者交替を行うことが可能になると考えられている。

2.2 ターン構成単位完結可能点の投射と話者交替適格場

本節では、このターン配列規則が適用される場所について説明し、その場所が参与者たちにどのようにして見分けられるようになると言われているのかを述べる。ターン配列規則は、TCUの末尾において適用されるとされている(Sacks et al., 1974)。TCUは話者交替システムの根本的要素である。ターンを構成するためには少なくとも1つ以上のTCUが用いられなければならず、各TCUの末尾において、ターン配列規則が適用される。先の例1の10Bの発話「や全然違う<878>社会学」という発話は2つのTCUから成り、最初の「や全然違う」というTCUの末尾はターン配列規則が適用される箇所である。もしここで(1b)が適用されていたならCのターンは終了する。実際には(1c)が適用され、次のTCU「社会学」が開始され、このTCU末においては(b)が適用され11C「ふううん」に次ターンを譲っている。しかし、もしここで(1b)ではなく(1c)が適用されたなら、さらに次のTCUがBによって開始されていたはずである。このようにターンの長さは会話参与者たちの相互作用によって決まるが、TCUの構造は初頭から決

まっていて参与者たち全員がいつ配列規則を適用すればよいか見分けられるように構成されている(Schegloff, 1996b)。なぜなら、TCU 初頭からどこでその単位が終了しうるかを投射する要素が含まれているからである。

投射とは、TCU を構成するある要素が TCU の全体像を事前に浮かび上がらせることをさす。例えば主部の出現は述部が後続することを投射するし、フィラーの出現はまだその TCU が継続することを投射する。if や when でターンが始まると、従属節の後に主節が後続することを投射する。投射は、参与者たちに、進行中の発話の途中でその単位がいつ終わるか、次の発話をどこで開始すればよいかを知らせる。

投射された TCU 終結点は完結可能点(possible completion point)と呼ばれる。ルール(1a)(1b)が適用されたとしたらターンとして完結しうる場所である。ただし、(1c)が適用されたとしたら話し手のターンは継続されるため、あくまでも完結が可能な点に過ぎない。完結可能点の前には、前完結可能点(pre-possible completion point)があり TCU 末への投射を強める。図 2.2 は Schegloff(1996b)において示されている、前完結可能点と完結可能点の関係を模式的に示したものである。

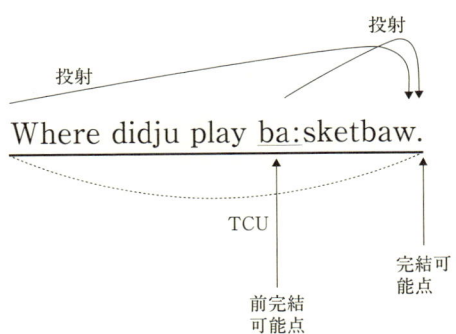

図 2.2 Schegloff(1996b)における完結可能点

完結可能点の投射は発話頭より生じるが、これらの節がいくつの単語から構成され、どのような要素によって終結するのかは、TCU の進行にあわせて徐々に明らかになる。そして、TCU の最終要素である単語・句が出現

するとその要素が完結可能点への投射を精緻にする。Scheglof(1996b)によれば、完結可能点の先触れとして pitch peak などの前完結可能点が出現し、TCU 末が近いことを公示する。ここで聞き手が次発話を開始して重複が生じたとしても、この重複はすぐに解消するので問題にならないが(詳しくは 2.5 節で述べる)、前完結可能点から完結可能点までのスパンは話者交替適格場(transition-relevance place; TRP)と呼ばれる (Sacks et al., 1974; Schegloff, 1996b)。ターン配分規則に従うと、次話者が話し出すのはこの TRP 内になる。完結可能点までの間にちょっとした重複が生じることもあるが、先行の TCU はすぐに完結可能点を迎えて終了されるので、この重複は速やかに回復される。

2.3 投射に使われるリソース

完結可能点を投射する TCU の要素として代表的なものは言語の統語的情報であると考えられている (Sacks et al., 1974; Schegloff, 1996b)。また Lerner (1991, 1996)は文の係り受け構造(if-then や when-then)が TCU の構造を明らかにすると述べている。

また、Schegloff(1988b, 1996b)は発話の韻律情報も投射を行うリソースであると述べている。そして、Levelt(1989)は、これらの統語情報と韻律情報が複合的に TCU 完結可能点を投射していると主張している。ただし、Koiso, Horiuchi, Tutiya, Ichikawa & Den(1998)、小磯・伝(2000)は統語情報中、文末表現の出現するところにしか韻律句末が来ず、これらは発話の中で冗長な情報であるとしている。

さらに、「要請」や「申し出」といった談話機能が応答のくる適切な位置を投射することもあると言われており(Davidson, 1984)、これは語用論的情報を利用した投射だといえる。Ford & Thompson(1996)は、この語用論的情報及び統語情報と韻律情報を統合すれば、実際に生じた話者交替を上手く予測できるとしている。

さらに、TCU 開始前の無音区間の長さ(Wilson & Zimmerman, 1986;

Local & Kelly, 1986)や息吸い・笑い(Schegloff, 1996b)によってもその TCU の長さが投射されると述べられている。

このように投射に使われるリソースに関する研究は盛んに行われている。しかし、これらの研究はいずれも(1)TCU 完結可能点直前にはこれらの情報が含まれていることが多い、もしくは(2)これらの情報を含む TCU には話者交替が後続することが多い、といった分析しかなされていない。このような TCU が持つ多くの情報を、実際に聞き手が話者交替時に利用しているかどうか、利用されたならどのような事態が生じるのかを扱った研究はなく、ましてや、聞き手がどのような認知処理によってこのようなリソースを利用しているかは全くわかっていない。

2.4 無標な位置での交替

話者交替は必ずしも TRP で生じるわけではなく、TRP の少し後、先行ターンが音声的に終了した位置で、微小なポーズを挟んで次発話が始まることもある。しかし、これは gap や lapse、silence[4] と感じられるほどの長さではなく、Jefferson(1984)は、無標な位置(unmarked next position)での交替と呼んでいる。以下、Jefferson(1984)からの引用である。

> 私の印象では、これら(の交替が生じている場所)はすべて移行場地点 (transition-place point)であり、最もしばしば用いられる。聞き手/次話者は 'terminal overlap' も 'latched'[5] も伴わずまさに完結可能点において次発話を開始する。

このような位置は 'transition space' であり、Schegloff, Jefferson, and Sacks (1977)によれば、「ターンの完結可能な環境」[6] とされる。では、gap すら顕在化しない微小なポーズとはどれくらいの間であるか。Jefferson(1983)はおよそ 110 秒であると報告している。また、Couper-Kuhlen(1993)によれば、先行 TCU における各シラブルの強勢ストレス間の間に話者移行に伴うポー

ズは等しくなる。例2を参照されたい。話者AからBへの移行において、話者Aの強勢ストレスσ間の間(..)を隔てて話者交替が生じるとされている。同様の現象はSchegloff(2000)によっても言及されている。Schegloffは次話者がターンを開始するまでに1 beat[7]の無音区間が挟まることが通常の話者移行空間として許されていると述べている。

例2
A: σ(..)σ(..)σ(..)σ[(..)
B: [(..)σ

σは1シラブル中における強勢ストレスの位置を指し、(..)はそのストレス間の間を表す。

図2.3　Couper-Kuhlen(1993)による話者交替間のリズム

2.5 重複と妨害

次話者が完結可能点付近で話し始めると、'terminal overlap'と呼ばれる重複が生じることもある。これは決して相手のターンを侵害するものではなく、話者交替システムに従った結果生じた音声的重複に過ぎない(Jefferson & Schegloff, 1975; Jefferson, 1984, 1986)。従って、重複は速やかに解消され、次話者への円滑なターン移行が生じる。通常は、次話者がここで話し出しても、現話者のTCUが速やかに完結するため重複は長引かない。もし現話者が話し続けたなら重複は長引くが、それもTRPの副産物として位置づけられる(Jefferson, 1984)。従って、TRP付近で生じた重複は、前節で紹介した無標な位置での交替と同様、円滑な話者交替と位置づけられる。いずれにせよ、これらの重複は、ピッチの上昇や音の引き伸ばし等を含まない無標な[8]重複である。

図2.4は著者が次発話開始のタイミングによって話者交替の円滑さを整理したものである。図の左半分は円滑な話者交替である。TRPが存在した位置で、次話者がターンを取得することができる発話、すなわちTCUに

よって話し出したとき、重複がある場合は 'terminal overlap' となり、重複がない場合は 'unmarked next position' での交替となる。ただし、次話者(next speaker; NS)が TCU によって話し出さなかった場合、話者交替は生じない。例えば、'continuer'(あいづち)、'conditional access to the turn'(現話者がある単語を想起しようとして言い淀んでいるようなときに、聞き手がその単語を補う。その聞き手の発話)、'chordal'(笑いなど)は TCU を構成しない発話であり、これらは TRP であろうとなかろうと、どこで発されたとしても話者交替を引き起こすものではない(図 2.4 中 φ と記入)。

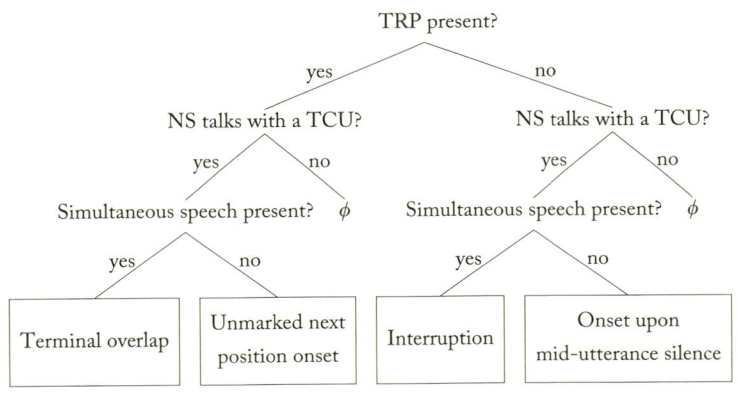

図 2.4 話者交替の円滑さの分類

これに対し、相手のターンを侵害し、話者交替システムに違反した音声的重複は妨害(interruption)と呼ばれる。図 2.4 右半分、TRP ではない箇所で話し出された TCU を構成する発話であり、音声的重複を伴うものを指す。また、音声的重複は伴わないが、相手の TCU の途中の無音区間に開始された TCU は Jefferson(1984)によれば 'onset upon mid-utterance silence'、Beattie(1981a)によれば 'silent interruption' と呼ばれ、やはり相手発話を侵害する妨害発話である。これらの発話はピッチの上昇や音の引き伸ばしを伴い有標な[9]重複とみなされる(Schegloff, 2000)。Murray(1985)は重複と妨害の違いに対する会話分析家の見解を以下のようにまとめている。

重複という言葉によって彼らが意味するところは、最初の話し手がまだ話している最中に次の話し手が話すことで2人以上の話し手が同時に話していることであり、次の話し手は先の話し手の完結可能点で話し始めようと投射していたとき[10]に生じる。例えば、先行話者のターンが完結可能点を持ちうる環境において次話者が発話開始した場合、これを重複とみなす。もし、先行ターンの完結可能点ではない中間地点への投射が始まった地点で開始されたものは、これを妨害とみなす。

すなわち、TRPのはるか手前で重複が開始されたものを妨害という。ただし、どの地点からどの地点までが妨害／重複となるかは、参与者自身が決めるものとされており（Benett, 1981; Murray, 1985）、妨害とされる地点から重複とされる地点への変化がいつどのように訪れるかは不明である。

2.6　ターン配分

ターン配分要素はターン構成要素に並ぶ話者交替システムの重要な要素である。話者交替のタイミングが決定できたとして、聞き手のうちの誰が話者になるかを決定する要素である。現話者による次話者選択テクニックとしては、以下の4種類が挙げられている（Sacks et al., 1974）。

- 2.1節で挙げた隣接ペア第一部分を用いる。ただし、第一部分が使用されたときに、聞き手のうちの誰かがその話し手によってaddressされている必要がある[10]。呼びかけや視線の向きによって誰かがaddressingされている状態で発された第一部分は次話者を選択することになる。
- 疑問調イントネーションを伴う相手発話の一部の繰り返しやone word question（what?、who?など）が行われたときには、誰かがaddressingされていなくても、先行話者を次話者に選ぶことになる。
- 現話者が次話者を選ぶことなくTRPに差し掛かったにもかかわらず、誰も自己選択をしなかった場合、現話者は付加疑問文などのtag

question をくっつけることにより、その終端において他者を次話者に選択し、turn から抜けるというオプションをもつ。
・社会的なアイデンティティに深く結びついている次話者選択テクニックがあることは明らかだが、現段階ではまだ扱いにくい。

また上記の現話者による次話者選択が起こらなかったとしたら、ターン配分規則(1b)によって聞き手のうち、最初に話し出した者が自分を次話者に自己選択することになる。自己選択テクニックには以下の2つがある。
・最初に話し出す。発話のタイプに制約はない。
・ある特殊な発話のタイプ(問い返しなど)を使うことによって、最初に話し出した人を押しのける。もし自己選択者がターンの開始部で先のターンに対する理解に問題が生じたことを示すなら、誰が前に始めていようがターンを取るので、彼のスタートは2番目になる。

上記のように言われているが、ターン配分に関しては未知数の部分が多く、まだあまり研究課題として取り上げられていない。最近の多人数会話研究において、高梨(2002)は共有知識などを利用すれば話し手は次話者を指定できるのではないか、伝(2003)は何人かの受け手のうちの自己選択によってのみ次話者は選択されるのではないか、と考察しているがこれらの提唱はいまだ実証されているわけではない。

また、Sacks らが addressing の方法として挙げている呼びかけ、先行発話の繰り返し、one word question、tag question が発話されるのは会話のうちのごく一部に過ぎないし、これらの手法が用いられることが全く無い会話も存在する。では最も頻繁に用いられる手法は何か。それは視線の向きである。

視線による話者交替の調整は、Kendon(1967)や Duncan(1972)らの社会心理学者によって古くから提唱されている。しかし、Kendon の提唱している視線の利用方法と Duncan & Fiske(1977)の提唱している利用方法には食い違いがあり、いまだ視線がターン配分にどのように使われているのかは明確になっていない。

2.7 本研究でのアプローチとその位置づけ

2.7.1 先行研究における問題点

先行研究における問題の所在は以下のようにまとめられる。

- TCU 完結可能点を投射するとして様々なリソースが挙げられているが、これは発話に含まれる定型的な情報の羅列でしかない。これらのリソースのうちどの情報がどのように実際に話者交替に利用されているのかを明らかにする必要がある。
- 完結可能点の認識に関わる認知的メカニズムを扱った研究はなく、発話の中の情報を聞き手がどのように利用し、円滑な話者交替を実現しているのかを明らかにする必要がある。
- 円滑な話者交替と非円滑な話者交替（重複と妨害）は発話のどの地点から変化するのかは明確にされておらず、どの地点からが TRP として聞き手に認識されるのか、TRP として聞き手に認識されたならば、その場所での次話者開始が妨害から重複への質的な変化となるかどうかを確かめる必要がある。
- 次話者選択テクニックの一環として視線の向きが利用されているという報告はあるが、いったいどのような視線の向きの使用が話者交替に関わっているのかを明らかにする必要がある。

2.7.2 本研究のスコープ

本研究ではこれらの問題に取り組み、以下の諸点を明らかにする。

- 日本語において圧倒的に多いとされている音声的重複が、日本語独自の談話機能（「あいづち」など）の多発によるばかりではなく、一定以上の長さをもつ発話であればどのような談話機能を持つ発話にも見られること、円滑な話者交替において重複が随時生じていることを明らかにする。（第 4 章）
- この重複は、TCU 完結可能点を構成する日本語の言語的装置（発話末要素）によって必然的にもたらされることを提案し、この装置が用い

られるならば相手発話への重複は、妨害ではなく無標な重複となることを証明する。（第 5 章）
- また妨害的重複から無標の重複への移行はこの言語的装置が利用されたか否かに関わり、TRP 内において相手への妨害度が一気に低下することを証明する。（第 5 章）
- この言語的装置をトリガーとして利用している聞き手の認知的メカニズムのモデルを提唱し、このモデルに従えば円滑な話者交替が達成されることを実証する。（第 6 章）
- 話者交替時と話者継続時における複数の聞き手及び話し手の視線配布を体系的に抽出し、誰が次話者になるかは参与者たち全員の視線配布の相互作用によって決まっていることを明らかにする。（第 7 章）

　これらを明らかにするために、本書では心理学実験だけではなく、様々な研究手法を用いたアプローチを取る。会話分析から得られた知見を参考に、会話コーパスを観察・分析することからはじめ、これらの事象が参与者たちの社会的相互作用の中でどのように位置づけられるかを心理学実験や会話の事例分析を通じて明らかにする。そして、これらの事象を実現している聞き手の認知メカニズムを認知心理学的な手法を用いて明らかにする。本研究の扱う対象と関連する研究分野を図式化したものが図 2.5 である。

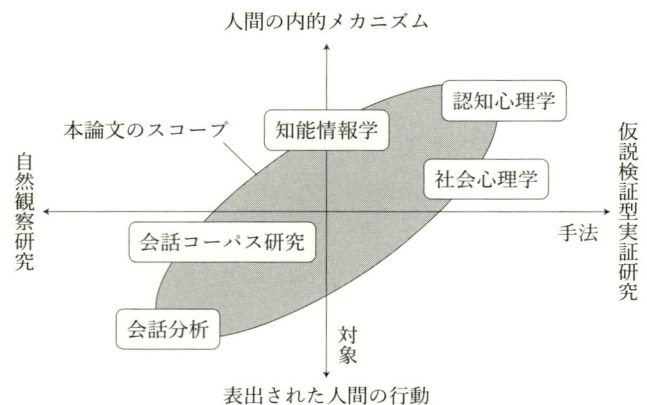

図 2.5　本書の扱う対象と関連する研究分野

　本書では会話分析や社会心理学で得られた知見を参考に、会話コーパス研究を通じて会話において表出された話者交替という人間の行動を観察する。これは自然観察研究として知られる探索的手法を用いて行う。そして、この観察を通じて明らかになった会話中の個々のやりとりに共通する事象を成立させるためのリソースを明らかにし、人間の内的認知メカニズムをモデル化し、従来の認知心理学が用いてきた仮説検証型実証研究の手法を用いてこのモデルを実証する。また、この実証研究から得られた結果を、もう一度実際の会話にあてはめてみて、それが妥当か否かを事例検証する。このように、自然観察研究手法と仮説検証型研究手法を相補的に用いることにより、これまで行動として表出されたデータしか扱ってこなかった先行研究における未解明部分を明らかにする。

　このように様々な角度から話者交替という事象を検討する理由は以下のものである。社会的相互作用の場に表出された参与者たちの行動は、参与者たち個々人の心内処理を経て表出されたものである。その心内処理は人間の認知能力に応じて最も効率が良くなるよう進化させられたものであり、その効率性によって社会的システムが制約されている。インタラクションを行う主体の認知メカニズムを解明することは、社会的システムとして何が実現可能

かを解明する一助となるはずである(榎本、2006)。逆もまたしかりであり、社会的な制約によって認知メカニズムが組み替えられることもあるだろう。社会的インタラクション研究と認知心理学研究は、相補的になされるものであり、多角的に人間の活動を研究することで、話者交替のメカニズムはより精緻で現実に即したものとして解明されることになる。このような基礎的研究は、認知心理学や社会心理学・会話分析にとっての貢献となるばかりではなく、自然で、円滑な機械と人間とのインタラクションを実現する音声対話システム、様々な情報チャンネルを備えた擬人化エージェント、空間的実在性をもったコミュニケーション指向ロボットへの実装を模索する知能情報学の礎となるであろう。

2.7.3 本研究での分析対象についての但し書き

本研究では、ある会話がなされる文脈を超えた日本語会話の運用法則、日本人話者の認知メカニズムを明らかにしようとするものである。従って、分析の対象とする会話を最も一般的で基本的な性質を有する日本語会話とする。このため、観察対象や実験の素材を主に日本語地図課題対話コーパス(堀内ほか、1999)に絞っている。このコーパスにおける会話参与者たちは、間仕切りのある防音室での録音という若干人工的な環境に置かれているものの、課題の達成に集中することによって、会話自体を目的としないため、極めて自然で自発的なものが収録されている。対象となる会話の半数は親密度のある2人の話者の間で行われた会話であり、他の半数は親密度の無い2人の間の会話であるため、会話者たちの親密度によるの影響はカウンターバランスされている。さらに、社会的な上下関係を持たない2者の組み合わせによって会話が行われているため、礼儀作法や対人関係といった社会的要因は除去されている。また、参与者たちを大学学部生に限ることにより、会話を行うために必要な認知能力、それまでに会得されている社会的なコミュニケーション能力は恒常に保たれている。日本語地図課題対話コーパスは上記の統制により、当該の会話が話された文脈を超えて十分一般化できる資料足りうる。この資料を分析対象とすることによって、本研究において明らかに

される法則やメカニズムは、日本語における話者交替の一般的原理とみなせる。この原理は、参与者たちの人間関係、社会的関係や認知能力、獲得能力といったその場のローカルなパラメーターを変化させれば、日本語においてなされる個々の話者交替の説明が可能となるであろう。

注

1 「投射」については 2.2 節を参照のこと。
2 「話者移行適格場(TRP)についても 2.2 節にて詳細を述べる。
3 データの詳細については第 7 章を参照されたい。
4 これらはいずれも顕在化した発話間の隔たり。この順に休止時間が長くなる。
5 先行発話と次発話の間隔が非常に短いこと。
6 'transition space' は先行ターンの完結可能点の少し前より始まり、次ターンの中に少し入った地点まで続く(Schegloff et al., 1977)。
7 beat は syllable、日本語では mora と同等のものとして扱われている。
8 より普通で、正常で、特殊でないと感じられる事象に対する形容。
9 より普通で、正常で、特殊でないと感じられる表現が使用可能な場面で、あえてそうでないものが用いられたとき、それを有標であるという。
10 Murray(1985)は「投射」を行う主体があたかも人であるように書いているが、投射は TCU を構成する言語・非言語情報によって発せられるものであるので、この用法は間違いである(詳しくは 6.1 節参照)。しかし、ここでは原文の用法を残した。
11 ただし、誰かに address するということはそれ自体その誰かを次話者に選択することにはならない。例えば、質問に対する応答が誰かに向かって発されたとしても、その addressee が次話者に選ばれるわけではない。

第 3 章　本研究で導入する研究手法

　本研究の目的は、円滑な話者交替を実現するために、実際の聞き手がリアルタイムで行っている認知処理を明らかにすることにある。このために、従来実際の会話のやりとりを分析対象としてきた会話分析やコーパス言語学で用いられている研究手法だけでなく、心理学的実験手法を導入する。なぜなら、会話分析やコーパス言語学の手法は、会話中に産出された言葉を事後的に分析するものであり、リアルタイムで進行する人間の内的処理を扱えない。そこで、本研究では、時間の中で進行する文産出の過程に迫る道を示した Levelt(1989)が用いた心理言語学的実験手法を導入する。

　本研究では、

1. コーパスの計量的分析によって会話運用の規則性を抽出し、
2. この規則性を生じせしめる認知処理に関する仮説を心理実験によって検証し、
3. その認知処理が実際の会話で運用される過程の詳細を会話分析によって検証する、

という研究手法を取る。これら 3 つの研究手法はいずれも反証可能性を有している科学的研究手法である。ただし、実際の会話の中で進行する事象を科学的に扱うためには、いずれの研究手法も一長一短を持つ。本研究の目的達成にとって必要な条件は以下の 4 点である。

反証可能性：研究の仮説や結果が、著者の恣意的な主観や操作によるものではなく、他の研究者によって追試、反証できるものとなっていること。

生態学的妥当性：人々が日常行っている活動と同じ事象を取り扱っていること。実験室環境において実験的に与えられた刺激に対する反応は、その場においてのみなされる活動であり、偶然その環境・刺激に対して新たに構築された事象になる可能性がある。

結果の般化性：研究の結果得られた結論が、会話中の様々な文脈を超えて一般的な事象に当てはまるものとなっていること。

説明的妥当性：研究の結果得られた結論が、単にそこで生起している事象を記述するだけでなく、それが事象の成り立ち、因果関係を説明するものになっていること。

表 3.1 は、本研究で用いる 3 つの研究手法が有している条件である。

表 3.1 先行諸分野における研究手法の利点と問題点

	反証可能性	生態学的妥当性	結果の般化性	説明的妥当性
会話分析	○	○	×	×
コーパス言語学	○	△	○	×
言語心理学	○	×	○	○

以下、それぞれの研究手法が持つ利点と問題点を 3.1 〜 3.3 において詳述する。

3.1 会話分析の研究手法：その利点と問題点

3.1.1 会話分析の背景

会話分析は、H. Garfinkel や E. Goffman らによって創設されたエスノメソドロジーより出ている。「エスノメソドロジー」という語は、H. Garfinkel の用語である。彼は 1945 年に陪審員の審議に関する分析を行っていたときに、「エスノメソドロジーという用語で表現されるような考えを思いついた

(Turner, 1974)」そうである。「ethno」という語は「ある社会の常識を共有する成員にとって、何についてであれ、常識的知識として容易に獲得できるということ」を表す。「エスノメソドロジー」という語は、ある社会の成員たちが日常生活の中で様々な活動を成し遂げるために用いている方法と言い換えることができる。学問としてのエスノメソドロジーは、成員達が具体的な状況において行う推論の方法、解釈の方法、コミュニケーションの方法、相互行為の方法、会話をするための方法を記述・分析するものであり、社会学の末裔に位置づけられる。

　Garfinkel は、機能主義社会学の代表的研究者である T. Parsons の元で博士論文を書いたが、パターン変数を組み合わせて社会的行為の一般理論を組み立てようとした Parsons とは全く正反対の立場を取ったとされる（サーサスほか（1989）序章を参照）。Garfinkel がより強い影響を受けたのは現象学的社会学者の A. Schutz である。Schutz は、「いったい我々はどのようにして、誰でもが同じような、あるいは共通の『日常的世界』を構成できるような仕方で、経験する諸現象をまとめあげるのであろうか」という問いを立てた（1970）。そして、ある相互作用に参加する個人がその状況に与える定義は、他の参加者と共有されるものであると Schutz は考え、これを「視界の相互性」と名づけている。人々は、現実についての自明とされている一連の前提に基づいて行為しており、物事のあり方が本当は違うかもしれないという疑いを保留し、視界の相互性の前提に基づいて相互作用は進められるのだ、と説く。

　Garfinkel が自身の論文（Garfinkel, 1964（邦訳：サーサスほか、1989））の中で引用している Schutz の主な主張を以下に紹介する。

　　・ある出来事をある人が見たときに、その出来事に対してその人の与える規定が有効であるためには、個々人の個人的な見解や社会的に構造化されている個々人の諸事情がまったく無視されていなければならない。つまり、この規定は「客観的に必然的」もしくは「歴然たる事実」でなければならないのである。

　　・知られている出来事は、まさにそれが知られているがゆえに、そこに

居合わせて見ている者に現実的にも潜在的にも影響を及ぼし、その者の行為により影響を受ける。
- 出来事の意味とは、その意味を使用する者の体験の流れが、社会的に標準化された仕方で命名され、物象化され、理念化された結果に他ならない。すなわち、言語の所産に他ならない。
- ある出来事に現在与えられている規定は、それがいかなるものであろうとも、以前の出来事にも用いられたことがあるものであり、また将来の出来事にもまったく同じように何回でも用いることのできるものである。
- 出来事を意味づけるとき、その意味は、体験の流れのなかで変わることなく時間的に同一のままであり続ける。
- 出来事が解釈されるためには、その背景として、
  - 標準化されたシンボル体系からなる解釈図式を他者と共同で利用できなければならないし、
  - 「誰もが知っていること」が予め確立されていなければならない。すなわち、社会的に保証されている知識の集積が前もって確立されていなければならない。
- ある出来事をある人が見ている時、その人に対してその出来事が実際に得る規定は、その人と他者とが立場を交換したとしても、やはりその他者に対してその出来事が得ることになろう潜在的な規定でもある。
- ある出来事について、その公的に承認されている規定と、私的かつ自制された規定との間には明らかに食い違いが存在している。しかも、この私的な知識は用いられないまま保留されている。すなわち、出来事は、それを見ている当人と他者の両者に対して、当人が語りうる以上のことを意味している。
- このような食い違いを、それを見ている当人は自立的に統制することで修正することができる。

Garfinkel は、日常生活での出来事が他者と共に知られている状況内での出来事であるためには、これらの特徴を伴っているということが必要十分

条件であり、ある出来事が常識的な仕方で知られている状況の構成要素としての資格を持っているかどうかは、その出来事の規定の内容とは無関係であり、もし他の人と立場が交換されても、その人がその出来事を同じような規定のもとで見るかということによって決まると述べている（サーサスほか、1989）。彼は医学校ニセ面接実験を行い、人々が如何に、ある出来事を規定するにあたり他者の意見を聞きたがるか、他者の意見に応じて自分の意見を変更したかを分析している。その実験は以下の手続きが取られた。

1. 医学校の面接試験において、卑俗な言葉でのらりくらりと返答し、面接官に言いがかりを着け、ほらを吹き、他の学校や教授をけなす受験生の面接場面のテープを聴き、この受験生に対する評価を学生に求める。
2. 学生が評価を下した後、この受験生に対する他の学生や面接官らの意見、受験に合格したかどうかを聞きたいかどうかを問う。
3. それを聞きたいと申し出た学生に、この受験生は「富裕層の出身であり、理系分野において優秀な成績を上げている者であり、面接には面接官らの強い推薦を受けて合格した」と伝える。

　結果は、28人中25人が、他の学生や面接官らの意見を強く聞きたがり、面接官らの意見を聞いた後では、当惑、苦悶を示したり、この受験生に対する評価を180度変えたりした、というものであった。これは、テープを聞いた段階でこの受験生に対して否定的な見解を持っているにもかかわらず、他の多くの者が下した評価を「歴然たる事実」として受け取り、自己の与えた評価が無効であること、自分がこの面接に与えた解釈は他者と共有できないものであることを知った困惑であり、そして、他者が下した解釈に見合う解釈方式を模索し、自分の解釈の改変に取り組んだ結果であろう。
　Garfinkelは、実験的にトラブルを引き起こしたり、状況を破壊したりすることで、成員らの持っている社会的世界が混乱に陥ったとき、彼らが秩序の外見を救おうとして、何をするだろうかということを見ようとした。エスノメソドロジーの関心は、成員たちにとって、常識的知識はどうやって構成

されるに至ったのか、それが「知識」だという感覚はどこから生じてきたのかを明らかにしようというものである。

　一方、E. Goffman は、観察、フィールドノート、小説や脚本を含む他者の報告を、自身の理論的傍証として使用した。Goffman の功績は、広範囲に及ぶ出来事の研究から、見過ごされていたトピックを発掘し、社会的意義をもった重要な問題は日常の中にあることを示したことにある。Goffman が目指したのは、社会的活動の儀礼的、道徳的、規範的、構造的定式化であり、彼にとってのミクロな相互行為の観察は、社会的秩序がどのように維持・回復されるかを例証するためのものであった。Goffman は、ある社会に受け入れられている道徳的規則からの逸脱を矯正されるべき対象とみなし、その矯正がどのように行われるかを儀礼によって定式化することを目的としていた。これは、旧来の社会学が取った社会組織の機能的・構造的な解釈に通じるものであり、会話分析と袖を分かつことになる。

　Garfinkel、Goffman の学生となった H. Sacks や E. Schegloff はすぐに独自の路線をたどりはじめる。彼らは、種々の一般理論には無関心であり、相互行為そのものを研究し、そこに見られる規則性を発見し記述することを目指す。ここでいう規則性はたとえて言うならゲームのルールである。重要なのはこのルールが、社会の成員の活動の中で、活動を通じて達成される様々な方法であり、それを生み出した成員にとって意味があるものである、という点である。このルールは研究者が先天的に考案した分析概念ではなく、社会の成員が状況に応じて組織化しているものであり、成員自らが指向しているものである。例えば、話者交替システムがあり、成員たちは「TCU の完結可能点付近で話し始める」というシステムに従っている。このシステムはときに破られるが、その場合は発話構成の中にピッチの上昇や音の引き伸ばしが入り込み、これらが逸脱解消装置として働くとされる (Schegloff, 2000)。会話分析の関心は、このような成員達が言ったり、行ったりすることの中で運用している会話のルールを観察を通じて発見することにある。言い換えれば、ルールを知らないゲームのプレーを観戦し、どのようなルールに則ってそのプレーが行われているのかを発見しようというものである。このルール

を発見するための手法を 3.1.2 で述べる。

3.1.2 会話分析の研究手法

　Sacks らが研究を始めた頃、携帯型テープレコーダーが出回り、豊富な会話資料を提供した。録音された会話は、何度も再生して聞くことができ、1回目には見落としてしまうような会話の中の様々な局面が分析できるようになった。この録音(後に録画)された音声(映像)を元に、会話分析は以下の手法を取る(Schegloff(1996a)、串田(2006)参照)。

自然な会話を録音・録画
観察者がいなかったとしても同様の相互行為が行われるであろう自然な会話を録音・録画する。

トランスクリプトを作成
録音・録画された音声と映像を何度も繰り返し再生しながら、会話のトランスクリプトを作成する。トランスクリプトの過程で、普段は見落としてしまうようなミクロな出来事を拾い上げる。トランスクリプト作業に完成はないとされ、何回も再生、書き起こしが行われる。

会話の理解
社会の一成員としての常識的知識から、その会話の各箇所で起こっていることを理解する。「この人たちは何の話をしているのか？　なぜここで笑っているのか？　この発話によって何をしているのか」等々を理解するのである(串田、2006)。

会話の分析
規則性の発見　分析の第一段階は、具体的に言えば、似通っている事象が含まれる会話箇所を抽出し、同じフォルダに収集するという作業がなされる。トランスクリプトの中に繰り返し現れる事象に着目し、その事象生起時に共通

するパターンや連鎖構造を発見する。例えば、電話会話では、第一ターンで話し手が相手の注意と反応を呼び起こし、次のターンでは相手が聞こえていること、また答えることができることを示すという連鎖のパターンが見られる。これは、Schegloff によって「呼び出し―応答連鎖」として発見された (Schegloff, 1968)。こういった参与者たちによって規則的になされる行為を発見するため、類似した事象をトランスクリプトの中から収集し、その類似性について吟味する。類似性とは、連鎖上の位置―TCU 内の位置(先頭か末尾かなど)、TCU 間の位置(呼び出しのような第一部分に位置するか、応答のような第二部分に位置するか、あるいはその後かなど)、TCU の構成(相手発話の繰り返しや補完が生じているかなど)、誰による TCU かなどに関するものである。

事象のミクロ分析 第 2 段階では、収集した類似の事象に対して、1 つ 1 つさらに綿密な類似性の検討が加えられる。作業としては、先ほど 1 つのフォルダに入れられていたデータをさらに細分化し、下位フォルダに分けるようなことが行われる。この段階で、一度は類似していると思われたケースが、実は全く異なるルールに則って行われたものであることが判明することもある。会話分析における骨格ともなる分析であり、着目した事象が、(1) その場に参加している人々に自覚され指向されている出来事であるか、(2) この出来事を当事者たちが、どのようにパターン化し、配列し、秩序立てて編成しているかを客観的に分析するのである。「呼び出し―応答連鎖」という事象が生起している箇所をミクロに分析するなら、範囲は少なくとも 2 つのターンであること、第一部分(呼び出し)が発話され双方の参与者がそれを認識したならば、それが完了した時点で前の話し手はストップし、次の話し手がスタートして(呼び出し)に対応する第二部分(応答)が生成されていること、などが浮かび上がってくる。この段階で、文脈が整理され、発見された規則性の基礎構造のみを含むデータが選ばれる。

事象の多様性と変異を分析 着目した事象が生起している箇所を多くの事例で分析するなら、そのバリエーションの豊富さや規則にそぐわないケースを発見するであろう。先ほど基礎構造以外の文脈を含むとして除外されたケース

が、基本形からのどのような変異形を含んでいたのかを分析する。ここで重要となるのは、最初に記述した規則性を修正したり、その規則性が如何に補償されるのかを分析することである。（呼び出し）に対して（応答）がなされないこともある。ただし、こういったケースを分析するなら、第二部分がなされなかったことへの気づきとそれへの対処を参与者自身がその場で示していることが明らかになるだろう。第二部分を発するべき人がそれをなさなかった言い訳をしたり、第一部分を発した人がなぜ第二部分をなさないのかを問い詰めたり、という部分が観測されるからである。このような対処がなされることは、「呼び出しには応答を返す」という規則が、参与者たち自身が実践している社会的な規則であることを補償する。

　以上が会話分析の方法論である。一言で要約するならば、自然な会話を観察し、会話の参与者たちが実際に行っている活動の規則性を見出す手法と言える。この手法のゆえに、次項以下に述べる、方法上の利点と問題が生じる。

3.1.3　会話分析の利点

反証可能性を有する

　反証可能性は、ある研究者によって主張されている理論が、他の研究者が実験や観察をすれば反証できる余地があるかないかという問題である。

　3.1.1で述べたように、会話分析は社会の成員が客観的に必然的で歴然たる事実だとみなしている出来事を扱う。会話中で用いられる規範は、他者と共同で利用できるものであり、誰もが知っていることである。会話分析によって発見される規則は、研究者が先天的、主観的に考案したものではなく、会話参与者が実際に利用している規則である。串田(2006)の言葉を借りれば、「参与者自身がこの言葉によって行っていることを私の記述が適格に捉えているか」が会話分析では問われる。その記述された規則に従った行動はパターン化され、会話の随所に現れるものである。会話分析によって研究者が記述した規則は、実際の会話事象を証拠とする。従って、もしいかなる文脈の影響を考慮したとしても、その規則に従ったのだとは受け取れない事象が発見されれば、その理論への反証となる。

例えば、話者交替システムから、次話者が声を荒げることも話し手の発話を中断することもなく次発話を開始するためには、現 TCU の末尾 TRP で発話を開始する、という事象が予測される。これに対する反証は、現 TCU の TRP より以前に次話者が発話を開始しているにもかかわらず、次話者が声を荒げることも話し手の発話を中断することもなかった、という事例が見つかれば、この規則への反証となる。

生態学的妥当性のクリアー

生態学的妥当性とは、心理学者 Brunswik(1969)によって提唱された概念であり、実験室環境において実験的に与えられた刺激に対する反応として行っている活動が、日常的環境において行っている活動として一般化できるか、という問題である。人間は、外界で生じる様々な事態に対処するため、新たな刺激を与えられれば、即座にそれに対応する機構を構築することができることを Brunswik は視覚の実験より明らかにした。そして、こういった機構の汎用性がどこまで妥当かという問いを立てたのである。

会話分析の分析対象は日常的に発生している人々の会話である。会話分析家は、その会話を観察するだけであり、会話の中で生じる事象を操作しない。会話参与者の年齢や社会的地位や関係、互いの親密度、会話の環境、会話のタイプなど、対話の進行に影響を与えるであろうと考えられる要因を統制しない。従って、人々が日常行っているのとまさに近似した状態での活動を捉えることができる。

会話分析のキーワードに「文脈感応性(context sensitive)」と「文脈自由性(context free)」という語がある。前者は、特定の文脈に固有の事象であるということを指し、後者は、いくつかの文脈を越えて普遍的な事象であるということを指す。ある出来事を分析するとき、その出来事がその文脈でしか起こらなかったことか、いくつかの文脈において広範に起こることなのかが吟味される。こういった文脈の分析は、従来の社会学や心理学において全く手が付けられていなかったものである。会話のあり方、社会のあり方はそれに参加する個人が背負っているあらゆる文脈を反映させたものであることは自

明であるが、意図的に分析から文脈が切り離されてきた。これを分析に持ち込んだことは会話分析の功績である。

ただし、録音・録画機材の存在が相互行為に及ぼす影響も指摘されており（菅原、2005）、生態学的妥当性が完全に保証されているわけではない。これは、フィールドワークにおける参与観察が被観察体の生態に影響を及ぼしてしまうという社会学や人類学が抱える課題の1つでもある。

3.1.4 会話分析の問題点
結果の般化性に乏しい

研究の結果得られた結果が、どの程度異なる文脈で通用するかという問題である。

文脈を分析データの中へ持ち込むということは、生態学的妥当性を高めると同時に記述の般化性を犠牲にすることになる。ある事象が生起するには、会話参与者の年齢や社会的地位や互いの関係、互いの親密度、会話の環境、会話のタイプなどといった実に様々な要因が関係する。これらが統制されないと、極度に限定的な文脈においてのみ証拠立てられた結果ということになる。

もちろん、文脈感応性と文脈自由性という観点から、社会の成員たる研究者自身の知識や経験に基づきある程度の一般化は論じられる。Sacks らの話者交替システムに関しても、このシステムが儀式や議論、打ち合わせ、記者会見、セミナー、臨床場面、インタビュー、法廷での会話など会話タイプを超えて通用するものであるかどうかは一考の余地があるとされている（Sacks et al., 1974）。ただし、その後会話分析家自身の手によってこれらの会話タイプの違いに応じて、話者交替システムが用いられるか否かを体系的に比較検討したものはない。コーパス言語学や言語心理学の手法を用いれば、これら会話タイプの違いによる事象の生起頻度から、どの程度このシステムが般化性を持つか瞬く間に判明する。これは一例にしても、一般に、文脈要因の有無によって発見された規則が運用されるか否かという比較研究が会話分析には存在しない。なぜ会話分析家はこの問題に手をつけようとしないのか。

それは、会話分析が「会話の中で起こっていること」を分析するという手法を持つ所以であると著者は考える。言い換えれば、「会話の中で起こっていないこと」を分析するのは非常に不得手な手法になっているのである。会話の成員たちが行っていないこと、会話の成員たちに取り扱われていないことをこの手法によって見出すのは非常に困難である。従って、ともすると極限的な文脈において立ち現れた出来事のみを記述するに留まることになる。

説明的妥当性の放棄

説明的妥当性とは、Chomsky(1965)が言語学の妥当な理論のための形式的基準として挙げた3つの妥当性のうちの1つであり、記述の仕方が事象の成り立ちを説明するものかどうか、という問題である。この妥当性を説明するのによく用いられる天動説の例を挙げよう。天動説による太陽と月と惑星の動きの記述は以下のようになる。「地球の周りの離心円(地球から少しずれたところを中心とする円)に沿いながら、さらに小さい円運動を描きながら移動する」である。この記述は、観察される事象を良く言い表せている。一方、コペルニクスの地動説は、彼が真円にこだわったために、観察事象を正確に記述できていなかった。ケプラーは、楕円モデルに基づくことで、観察事象を正確に写し取った地動説のモデルを提唱した。しかし、この段階では、天動説、地動説のいずれも同レベルである[1]。そして、いずれの学説も、なぜそういった動きになるのかという説明がなく、甲乙付けられない。ニュートンが出現し、万有引力の法則(重力は距離の二乗に反比例する)を唱え、ケプラーの3法則を演繹的に導きだして見せたことによって、この地動説がより良いモデルとして世間に認められるようになった。この例からわかるように、いくら事象を適格に記述したとしても、説明的妥当性が与えられない限り、それが実際の事象に即した記述であるかどうかを判別する手段はないのである。

ところが、会話分析は事象の記述に関して説明的妥当性を高めることを放棄している。正確に言うと、説明を行うことを放棄している。彼らは、会話の参与者たちが用いているカテゴリーや方法は何かを追求するのであって、研究者が考え出した説明概念を記述するのではないとして(Schegloff,

1996a)、事象の生起因となる人間の認知メカニズムに関しての説明に興味を示さない。これは、参与者たちが表出した行動のみしか観察しないという方法論に帰依する所が大きい。確かに、人間の頭の中を現在の技術では到底覗くことができないのだから、生起した事象を事後的に観察するのであれば、人間の内面—認知能力や意図や感情を推し量るべきではない。しかし、天動説／地動説の例が示すように、観察された出来事をただ記述するだけでは、その記述の真偽は問えないのである。正確な記述だけを追及するなら、いたずらに、事象が生起した文脈を狭小に絞り、そこで生起していることをケース・バイ・ケースに記述すればよいことにもなる。

3.2 コーパス言語学の研究手法：その利点と問題点

3.2.1 コーパス言語学の背景

コーパス(corpus)という語は、ラテン語で「身体」という意味の語を起源とし、『ローマ法大全(Corpus Iuris Civil)』のように「資料の総体」を指しているとされる(後藤、2003)。コーパス言語学と言ったときの「コーパス」は一般に、デジタル・データ化された言語資料の集積を指す。Sinclair (1991)によれば、コーパスとは、自然に生起した言語テキストの集積であり、言語の状態や多様性を特定するために選ばれたものである。近年の計算言語学では、数百万語単位に渡って収集されたデータをコーパスとする。

世界最初のコーパスは、アメリカの Brown University Standard Corpus of Present-day American English(通称 Brown Corpus)であり、Brown 大学で1964年に完成した100万語を超えるアメリカ英語の書き言葉を収集したものである。15の分野(新聞、書籍、雑誌など)から集められたそれぞれ約2000語からなる500のテキストで構成されている。

電子コーパス誕生の背景には、当時急速に発展したコンピュータ技術の進捗がある。1946年には、世界初のプログラム内臓方式の電子計算機(Electronic Numerical Integrator and Computer; ENIAC)がペンシルバニア大学で公開され、1951年には1秒間に10万回の加算が可能な Universal

Automatic Computer（万能自動計算機）が発売されている。コンピュータの発展は、膨大なデータに対する語彙検索、語彙出現頻度の産出、統計処理を可能にする。これは、それまで手作業によって行われていた語彙抽出や文体研究に革新をもたらした。この時代背景を受けて、創設された分野がコーパス言語学である。そして、このコーパスを利用した言語の研究をコーパス言語学という。

　ところが、同時期、Chomsky の『文法の構造』(1957)が世に出ると、コーパス言語学の有用性は影が薄れる。Chomsky はコーパス研究を厳しく批判し、言語運用に関する研究を真っ向から否定した。なぜなら、偶々出現しない文と非文を区別できないからである。そして、その区別ができるのは母語話者の内省でしかない。従って、現実世界において実際に産出された言語データを単に眺めたり、会話から規則性を見つけだそうとしたりするのは全くの無駄ということになる。ある理論を検証するためには、現実世界において生じる言い誤りや言い淀み、思い違いなどの夾雑物は邪魔なだけで、内省による作例を使用する方がよほど効率的だとした。その結果、特に Chomsky の影響力が強かったアメリカにおけるコーパス言語学は閉塞した。そして、その活動の中心はヨーロッパへと移行する。

　この時編纂されたのが、Brown コーパスと同じ方式で集められたイギリスの The Lancaster-Oslo/Bergen Corpus of British English（通称 LOB コーパス）である。アナログ方式のカードで言語資料を収集した London 大学の R. Quirk は、コーパス開発の前駆者として挙げられるが、このコーパスは彼の弟子であった G. Leech を中心に構築が開始されたものである。Leech (1991) は、Chomsky の生成文法に対して、コーパス言語学を以下のように特徴づけている。

1. 言語能力よりも言語運用に焦点をあてる。
2. 言語普遍よりも言語記述に焦点をあてる。
3. 言語の定性的なモデルのみならず定量的モデルにも焦点をあてる。
4. 学問研究における合理主義的立場よりも、むしろ経験主義的立場に焦点を

第 3 章　本研究で導入する研究手法　39

あてる。

　これらを見ると、コーパス言語学と会話分析の類似性に気づくであろう。実際に使用された言葉を観察し、運用の記述を行うという(1)(2)に関して会話分析と異なる点はない。また(4)の、人間の知識は、経験の結果獲得されるものであり、研究の基礎は観察に置くべきだとする経験主義の立場は、会話分析に通じるものである。会話分析でも、社会規則や社会秩序は、それらを保っている社会の中で生育することで自然に身につくものと考えている。ただし、(3)に関しては、会話分析と立場を異にする。会話分析では、定量的な分析は言うに及ばず、定性的な分析に関してもモデルを想定することを嫌うからである。これに対して、コーパス言語学では、言語運用の記述のみを行うわけではない。実際の言語使用から機能的に得られた知見を一般化し、言語使用や言語獲得に関わる人間の言語モデルを構築することを目指している。ある言語事象をリサーチクエスチョン(仮説)として設定し、それをコーパスデータに基づいて記述する。その後、その仮説を検証し、それに基づいて新たなリサーチクエスチョンを設定するという研究サイクルが一般的である。これは、従来の言語学のパラダイムであり、コーパス言語学の研究範囲は、語彙論、意味論、文法、文体論、社会言語学、歴史言語学等の分野に及ぶ。

　さて、言語の一般モデルを作ろうとするなら、使用者たちの個人属性や社会的地位・関係、会話のタイプなどの様々な要因が、どのように影響するかを体系的に捉えねばならない。そのためには、世間に存在するすべて書き言葉や話し言葉を母集団として、そこから適当なサイズのサンプルを適当な数だけ[2]抽出する必要がある。しかし、そのようなデータを収集しようとすると膨大な時間と費用がかかる。1980 年代に巨額の国費を投入して開発された British National Corpus は、そのような汎用的コーパスの嚆矢となるものであった。その後、アメリカ英語、ドイツ語、フランス語、チェコ語、スロベニア語、中国語、韓国語など様々な言語において汎用性の高いコーパスが作られている。しかし、残念ながら我が国におけるコーパス整備は諸外国に

比べ立ち遅れており、日本語の全体像を偏りなく反映させたコーパスはほとんど作られていない。唯一、国立国語研究所が約5億円を費やして1999年から2003年の4年間に渡って整備した『日本語話し言葉コーパス（CSJ）』（国立国語研究所、2006）が公開されているが、その主な対象は独話であり、会話はインタビュー形式のものが一部収録されているだけである。般化性の高い会話研究を行うためのコーパス作成はまだ未着手という現状にある。

3.2.2　コーパス言語学の研究手法

　コーパスを用いた言語研究を行うためには、まずコーパスを手に入れねばならない。コーパスは、電子辞書のように電子化されたテキストや音声ファイルであれば何でもよいが、研究目的に即した資料である必要がある。「男女差による言語使用の違い」を調べようとしているのに、男性話者のみの会話データでは、男女差は調べようがない。さらに言えば、男性どうしの会話10組、女性どうしの会話1組などアンバランスなデータを用いれば、女性の言語使用に関してのみ、個人差が強く反映されてしまう。できるだけ、たくさんのサンプルを用い、比較対象となる要因が均等に配置されているデータを用いたいものである。狭義のコーパスは、これらの希望を叶えるべく設計されたものを指す。BrownコーパスやLOBコーパスでは、入手可能な書き言葉資料のうち、できるだけバリエーションに富んだジャンルからサンプリングされたデータを集積している。しかし、会話を分析対象にするならば、会話へ影響していると想定されるあらゆる要因（男女差や対話相手との親近性など）を均等に盛り込んだコーパスを使用する必要がある。しかし、まだ会話研究のためのバランスのとれたコーパスが公開されていないため、必要に応じて自分でコーパスを作成する必要がある。第7章で使用したデータは著者ら自身で作成したものである。このデータはコーパスとして近い将来公開することを念頭に、収録デザインを綿密に計画した。現在も、発話の書き起こし、非言語情報のアノテーションなどの方法を研究の傍ら精緻化している。

コーパスの作成
コーパスデザインの決定
対話タイプと対話数

コーパスを活用するにあたって、どのようなタイプの対話で収録するか、どの程度の対話量が必要かを決める。3.1.3 で述べたように、生態学的妥当性を高めるためには、できるだけ日常生活で行われている状況に近い対話からデータを収集する必要があるが、精緻な電子データを欲するなら、人工的な環境での模擬対話を収録することになる。本研究で使用した日本語地図課題対話コーパスでは、自然で自発的な会話を誘発するように、地図課題を参加者に課している。参加者らが課題に集中することで、自然で活発な会話が収録されている。また、データ量が多ければ多いに越したことはないが、それには手間と年数が掛かる。これも研究目的に即したデータ量とすべきである。第 7 章で使用した 3 人の自由会話は、全体で 12 組の会話である。これは、個人差による影響を少なくすることを念頭に置いたものである。個人差による影響を取り除くにはおよそ 16 人程度のデータがあれば良いと経験的・統計的に言われており (Dunbar, 1998)、この前後になるよう会話数を整えた。

対話に影響する要因の配置

先行研究から、会話の内容や進行に影響すると言われている要因をデザインの中に盛り込むという方法もある。日本語地図課題対話コーパスでは、

- 役割　情報提供者か情報追随者であるかの 2 条件
- 親近性　対話相手と知り合いであるか否かの 2 条件
- 性別　男性どうしの対話か女性どうしの対話かの 2 条件
- 視認性　対話相手とアイ・コンタクトできるか否かの 2 条件
- 経路　地図上のルートの形状 4 条件
- 目標物の有無　目標物の違う地図 4 条件

といった要因が盛り込まれている。ただし、これらの要因のどの条件を誰が

どの順で行うかということが対話内容に影響を与える可能性があるので、慎重に参与者を配置せねばならない。

収録機材の選定
できるだけ高品質な音声データを得るために、DAT(Digital Audio Tape)やハードディスクレコーダーでの録音やデジタルハンディカムでの映像記録が標準となっている。ただし、これらを複数台利用して収録する場合、それぞれの機器の間の同期(それぞれのデータを時系列的に配置するための制御)をどのようにとるかが問題となる。業務用機器であれば、機器同士が自動で同期をとるが、民生機であれば、同期信号を適宜入力しておき、後で手動でファイルを切り出して、同じ時系列上に並べる、などの操作が必要になる。

収録
収録場所(雑音を遮断した防音室かできるだけ静かな場所)を選び、機材を配置して収録を行う。多様な機材を大量に使用する場合は、事前の配置と予備収録が欠かせない。

発話内容のトランスクリプト
雑音の少ない環境において高音質で録音した音声は、1/48000秒の単位で発話の開始・終了のタイミングを書き起こせる。WaveSurfer[3]やMultiTrans[4]などを利用して、音声波形やスペクトログラムを見ながらトランスクリプトが作成される。詳細な書き起こしの方法は、小磯(2007)を参照のこと。

統語情報・韻律情報・非言語情報などのラベリング
発話を構成する形態素情報や係り受け構造、アクセント句やイントネーション句、視線の向きやジェスチャーなどの情報がテキストとして付与されていれば、分析効率が飛躍的に向上する。統語情報については、茶筌[5]や南瓜[6]により自動付与できる。特に、茶筌に関しては、国立国語研究所で収集されたコーパス群を学習データとして使用したUniDicが公開されており、話

し言葉に対しても解析率が高い。会話の韻律情報、非言語情報に関しては、今のところ手動でラベリングを行うしかない。韻律情報の付与は先に挙げたWavesurferが、非言語情報の付与にはAnvil[7]が便利である。

タグの設定
個々の研究において調べたい項目のタグを考案する。本研究の第4章では、発話のもつ談話機能によって重複の生起に差があるかどうかを調べているが、そのために各発話に談話機能のタグを付与する必要がある。そのためにどのようなタグを設定すればよいかを考案するのがコーパス分析の第一段階である。本研究では、H. Clarkの分類を改良して、重複発話に見られる談話機能のタグを4.1.2において設定している。

タグ付け
次のステップは、対話中の該当発話に対してこのタグを付与するという作業である。これは、会話分析の研究手法中(3.1.2参照)「規則性の発見」で述べた「類似した事象をトランスクリプトの中から収集し、その類似性について吟味する」という作業に近い。会話分析では、1人(もしくは数人の)研究者の分析によって類似データが集積されるが、コーパス研究では、研究目的を知らない一般の母語話者を評定者として数人たて、彼らの直感によって分類を行う。タグの説明に不備があったり、類似性に問題があれば、評定者たちが付与したタグはバラバラになる。タグの説明を詳細化したり、類似性の低いデータを除外することで、評定者間のタグの一致を図る[8]。

会話コーパスの分析
生起頻度の数え上げ
付与されたタグのうち、評定者間の一致が見られたデータを用いて、各タグの生起頻度を数え上げる。頻繁に生起するタグは会話の中で繰り返し生じている事象であると考えられる。3.1.2「規則性の発見」では、「繰り返し生起する事象を発見する」と書いたが、タグの生起頻度を調べることで、同様の

事象が発見できる。本研究では、重複発話において何度も出現する談話機能を発見するためにタグの数え上げを行っている。

共起頻度の数え上げ
対象となる事象を生じさせる要因などを特定するために、その事象が生じた前後の事象の共起頻度を数え上げることがある。本研究では、重複された発話の談話機能が重複を誘発するものであったかどうかを確かめるため、被重複発話と重複発話双方の談話機能をタグ付けし、それらの共起関係を調べた。

モデルの構築
観測した事象から、ある事象を成立させるための定量的モデルを構築する。例えば、重複の発生を予測するのに、被重複発話の談話機能や重複発話の談話機能がどのくらい貢献しているか、あるいは、コーパスのデザインに盛り込まれている参与役割や相手との親近性、対話場面の視認性といった要因がどのくらい貢献しているかを統計的モデルなどによって記述する。

モデルの検証
研究者が設定したモデルによってどのくらい実際のデータを説明できるかを検証する。モデルの構築時に使用したデータの一部、あるいは、モデルの構築時に使用しなかったデータに、そのモデルを当てはめてみて、何パーセントの正解率が出せるかを調べる。正解率が低ければ、要因の追加や削除を行いモデルを修正する。

　以上が、会話を対象としたコーパスの作成と分析の一般的な方法論である。要約するなら、できるだけ自然な会話を収録し、観察を通して得られた対象事象を生起させる予測モデルを構築する手法といえる。この手法の利点と問題点を見ていこう。

3.2.3 コーパス言語学の利点

反証可能性を有している

　ここで挙げる3つの研究手法のうち最も高い反証可能性を有しているといえる。なぜなら、会話データだけでなく、詳細な書き起こしやアノテーション方法のマニュアル、談話機能タグの付与方法などが公開されているからである。まったく同一の方法で分析を行えば、同一の結果が得られるはずである。会話分析や言語心理学で使用されたデータは公開されることがなく、同一の研究を行うためには新たにデータを取得しなければならない。異なるデータでは、会話参加者の1人1人が有する背景が異なってしまうことは否めない。統計的処理によって個人差による誤差はある程度排除することができるが、異なる結果が得られる余地を生む。

生態学的妥当性を保持する

　対話コーパスの収録にあたっては、課題や収録機材を工夫することによって、可能な限り自然で日常的な活動が行われるように工夫されている。従って、一定の生態学的妥当性が保証されている。ただし、接話型マイクなどを装着することによって、動作に多少のぎこちなさが出る。ビデオカメラだけで収録を行っている会話分析と比べると、生態学的妥当性はやや低くなる。

結果の般化性を有する

　3.2.1で述べたように、コーパスの良し悪しは、収集されたデータがいかに大量であるか、いかに様々な文脈から均等に抽出されたものであるかによって決まるといっても過言ではない。何のために、その大規模性・均等性が追求されるかといえば、それはそのコーパスを用いて行われた分析の結果に般化性を持たせるためである。結果の般化を行うためには、その分析対象となった会話のサンプルが、研究対象とする会話全体(母集団)から均等に選ばれている必要がある。例えば、本研究は「日本語母語話者全員」に対し、ここで提唱する認知メカニズムが当てはまることを主張する。この主張が正しいことを証明するには、日本語母語話者全体の中から均等に会話サンプル

を抽出してくる必要がある。もし、一部の地域に限定したサンプルを集めるなら、その地域の人に限定的な認知メカニズムを調べることになる。また、サンプルの数が少なければ、個人差による影響をぬぐえない。そこで、可能な限り多くのサンプルを様々な文脈から均等に選んでくる必要がある。コーパスのサイズが大きければ大きいほど、より般化性の高い研究を行うことができる。一般にコーパスの作成に巨大な国家予算が投資されるのもこのためである。

3.2.4　コーパス言語学の問題点
説明的妥当性の検証手段がない

　コーパス言語学は、会話分析と違い、人間の行動の説明モデルを作ることにやぶさかではない。言語運用の記述のみを目的とするわけではなく、言語使用や言語獲得に関わる人間の行動説明モデルを導くといったこともなされる。

　しかし、そのモデルは、ケプラーの地動説のごとくその真偽を確率的にしか判断することができない。モデルの真偽を検証するためには、そこから演繹的推論を行い、その結論として予測される個々の事象が生じることを確かめるしかない。しかし、操作的実験手法を持たないコーパス言語学では、この事象が生起するか否かを検証できない。そういった事象が生起したケースを発見したとしても、その事例が生じた必然性を調べることはできない。会話において人間が行う行動を逐一統制することは不可能であり、どの事象をとっても様々な個々の文脈が入り込んでいるので、その事例が生じた偶然性を否定できない。

　2.3でTRPを投射するリソースとして様々な統語・韻律・語用論情報が挙げられていることを紹介したが、それらひとつひとつの情報が聞き手のTRPの予測に実際に用いられているかどうかが検証されているわけではない。TRPの予測に基づくであろう円滑な次発話開始という出来事が生じたときに、多くの場合それらの統語・韻律・語用論情報が先行する発話に含まれているということまでしか言えないのである。実際には使用されていなく

ても、先行する発話にそれらの情報が偶然何らかの理由でいつも含まれているという擬似相関の可能性をぬぐえない。発話の統語的構造がTRPの予測を引き起こす、という説明モデルを作ったところで、コーパス研究だけでは、その妥当性を検証する手段がないのである。観察という術しか用いないなら、説明を放棄している会話分析の方が賢明である。説明モデルを検証するためには、発話の統語構造を操作し、予測に利用される情報を抜き去ったとき、円滑な話者交替が行われないことを確かめなければならない。その方法が、次に紹介する言語心理学的実験手法である。

3.3 言語心理学の研究手法：その利点と問題点

3.3.1 言語心理学の背景

　言語心理学は、言語を使用するときに人間の認知処理（言語の生成や理解）を明らかにしようという学問分野とする。心理言語学といったときにも、同様の研究を指すが、英語に「言語心理学(Linguistic Psychology)」という単語は存在せず、一般には「心理言語学(Psycholinguistic)」と呼ばれる。この用語は、Peterfalvi(1970)によれば、「はっきりと局限された歴史・地理的環境の中で、専門家の会議によって、意図的に作られた」経緯をもつ。その会議は、1951年アメリカのコーネル大学で行われた夏季セミナーである。直後に『Psycholinguitics』(Osgood & Sebeok, 1954)が刊行されている。この時、なぜ心理学者たちが言語学の領域で解明された理論に興味をいだくようになったか、当時の時代背景を簡単に紹介する。

　現在の実験心理学の開祖と言われるのが、W. Wundtである。ライプツィヒ大学の哲学教授であったWundtは、1979年に心理学実験室を創設する。複雑な課題と単純な課題の判断に要する時間を測定し、内観によってその心的過程を明らかにし、意識の要素と構成法則を明らかにしようとした。Wundtの実験室に留学していたE. Titchenerは、Wundtの心理学を精緻化した構成主義心理学を創出した。経験の内容を感覚要素に分解し、その結合法則を示すことで意識を完全に記述しようとした。彼らは、心を要素に分解

し、個々の要素とその結合法則を明らかにすれば、心の全体がすべて明らかになると考えた。

　しかし、観察者が自分の思考のパターンの性質や道筋について考えるという内観法は、個人間のブレが大きく、客観的な統制の手段や反論の可能性がない、という批判がすぐに起こる。内観法への批判として生まれたのが、行動主義心理学である。機能主義心理学者の1人であるJ. R. Angellの教え子であったJ. B. Watsonは、心理学の研究対象は意識ではなく観察可能な行動であるとし、行動主義心理学の創始者となる。行動主義は、精神とか思考・想像力、欲求、意図といった概念を研究対象から除外せよとする。誰でも使え、数量化でき、客観的に捉えられる行動のみを研究対象にせよと主張した。そして、もう1つの主張として、人を動かしているのは環境にある色々な力や要因が決定的である、とされた。「もし自分に生後間もない健康な子供を預けてくれるならば、その子供をどんな性格にでも、どんな職業人にでも育て上げてみせる」というWatsonの発言は有名である。Watsonの行動主義は、Pavlov、Skinner、Thorndikeによって引き継がれ、心理学研究法としての実験計画法や統計的検定が導入されていく。行動主義は1920年代から数十年に渡り世界を支配することになる。

　行動主義に対する批判が功を奏するのは、1949年にアメリカで開催されたヒクソン・シンポジウムである。時は奇しくもShannonとWeaverによる情報理論(Shannon & Weaver, 1949)が世に出た年である。Gardner(1985)によれば、この会議の最初のスピーカーはJ. von Neumannであり、コンピュータと脳の比較を行った。2番目のスピーカーが、数学者McCullochであり、脳が情報をどのように処理しているかについての講演を行う。そして、3番目に登壇した心理学者K. S. Lashleyが、行動主義に対する決定的批判を行う。Lashleyは、「話す」という複雑に構造化された行動を説明するためには、「AがBを引き起こす」線形の鎖によっては説明できない。なぜなら、このような行為の系列は急速に展開するので、鎖の次のステップが前のステップに基づいているということがありそうにもないからであると論じた。Gardner(1985)によると、Lashleyは神経行動的な分析を通じ、こういった

複雑な行動の系列はあらかじめ計画され、組織されていること、その組織は階層をなしており、全体としてもっとも広い計画があり、そのもとで、次第に細かくなっていく行為の系列が組織されていく、と述べたと言われている。このスピーチは、それまであまりにも複雑で敬遠されてきた「言語」という活動に焦点を当て、条件反射では説明できない現象のあることを世に知らしめた。

　Lashley の講演は、行動主義の蔓延によって科学的研究の蚊帳の外におかれてしまった、人間の言語や知覚、認知処理といったテーマを心理学の中に呼び戻した。そして、Shannon らの情報理論は、通信工学の観点から提起されたものであるが、言語的伝達や知覚に応用可能なものとして心理学者にもてはやされる。このような時代の潮流を受けて誕生したのが、心理言語学であり、心理学、情報理論、言語学の広範な分野を跨いで、今後着手されるべき研究計画が立ち上げられた。

　その後、1957 年『文法の構造』の発刊により Chomsky が現れ、心理言語学にも多大な影響を与える。Chomsky は、言語の複雑な構造的特性を生成する規則を明らかにしようとした。そして、話し手は、異なる品詞がある発話のある位置にいかなる場合に現われうるかについての一連の詳細な規則、または手続きを生まれつき知っていると主張した。Chomsky(1965) は、「言語を話す人は誰でも、その言語についての知識を表す生成文法を身につけ、自分の内面に取り込んだのである。興味をそそる生成文法はいずれも、心理過程をもっぱら取り扱う」と述べ、言語学を心理学の下位分野に位置づけている。そして、変形規則は、言語運用に関わる認知規則と 1 対 1 に対応すると考えていたようである (Steinberg, 1982)[9]

　このような時代の中で心理言語学は誕生し、扱う対象を、表出された行動から、行動を生成する認知処理の方へスライドさせていった。しかし、その方法論は、行動主義から受け継がれてきたものである。

3.3.2　言語心理学の研究手法

　本研究では「心理言語学」ではなく「言語心理学」という学問名を用いる

ことにする。なぜなら、本研究手法は、心理的実験手法を用いて言語の体系を明らかにすることを目的にしたものではなく、言語を用いて行われる行動の産出や理解を支える認知メカニズムを明らかにすることだからである。その手法は、一般理論(研究仮説)として立てられた内的メカニズムから、演繹的にどのような表出が生じるか(作業仮説)を導き、実際にそのような表出行動が見られるか否かを検証するというものである。

研究仮説の設定
人間の知覚や認知メカニズムについての一般的法則を立てる。言語学など関連諸分野から得られた知見や先行研究に基づいて作られる。

作業仮説の設定
研究仮説から演繹的推論によって導かれる検証可能な作業仮説を立てる。実験の場において具体的に生じるであろう観察可能で数量化可能な行動を記述したものである。従って、研究仮説を作業仮説に置換する段階で、具体的な実験の内容(刺激や予想される被験者の反応)を設計することになる。

実験計画
作成実験要因・測定変数の設定
実験要因とは、その研究において注目すべき要因であり、実験者が操作できる変数である。独立変数または説明変数とも呼ばれる。この独立変数の値に応じて(従属して)変化する値は測定変数または従属変数と呼ばれる。一般に独立変数と従属変数の間には因果関係が想定されており、原因と考えられる独立変数を与えたときに結果である従属変数に変化を生じさせるかどうか、を実験的に確かめることになる。独立変数と従属変数の間の因果関係を確かめる方法には様々な方法がある。もっとも基本的でよく用いられるのは、「Aが存在するならaが起こり、Aが存在しないならaが生じない」という因果法則に則って、実験的処理を施した実験条件ではaが生じるが、処理を施さなかった統制条件においてはaが生じないことを示す差異法という方法

である。これを模式的に表したものが図 3.1 である。a という現象の生起因である条件 A を含む実験条件と A を含まない統制条件を独立変数として与えたとき、a という現象（従属変数）が観測されるか否かを確かめるというものである。

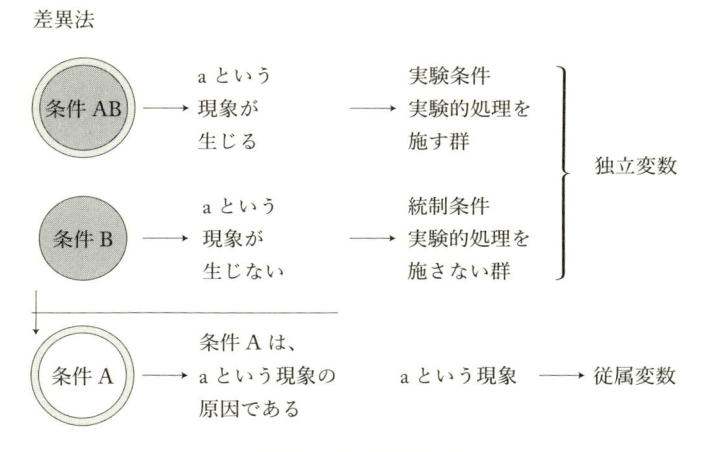

差異法

```
条件 AB  →  a という     →  実験条件         ⎫
            現象が          実験的処理を       ⎬
            生じる          施す群            ⎪
                                             ⎬ 独立変数
条件 B   →  a という     →  統制条件         ⎪
            現象が          実験的処理を       ⎬
            生じない        施さない群         ⎭
   ↓
条件 A   →  条件 A は、
            a という現象の    a という現象  →  従属変数
            原因である
```

図 3.1　因果関係を検討するための実験計画

撹乱要因の統制

実験要因と測定変数が決まったら、次は撹乱変数（nuisance variable）の特定と統制方法を決定する。撹乱変数は、従属変数の値を左右する独立変数以外の変数である。撹乱変数は測定値に系統的な影響を与えるため、独立変数の効果を撹乱する。撹乱変数の混入原因として、あらゆる実験に共通するもの——実験環境や実験手続き・刺激の未統制、被験者の属性、刺激の呈示順序など——と、個々の研究内容に応じたものがある。撹乱変数と独立変数が分離されておらず、両者が同時に従属変数の値を決めるようなとき、変数が交絡（confounding）しているという。撹乱変数を統制する手段として以下のものがある。

除去　騒音や光量などの撹乱変数を実験の場から切り離す。暗室や防音室を用いて、外界の光や音を遮断するといった方法が用いられる。撹乱変数とな

る対話中の文脈を刺激から切り離す。説明する対象となる要因のみから構成される合成音声を用いた刺激を呈示するなど。

カウンターバランス　刺激の呈示順序や組み合わせによる撹乱変数を被験者間で釣り合うように配分する。各水準の刺激をどの順番で呈示するかを被験者によって変えることによって相殺する。ただし全水準の順列をとると、莫大な実施回数を要するため現実的ではないことが多い。そのようなときは一般に、循環法(rotation method)と呼ばれる方法を用いる。森・吉田(1990)、榎本(2006)を参照。

無作為化　刺激の呈示順序や被験者の個人特性などの撹乱変数を各実験水準間にランダムに配分する。

ブロック化　被験者の言語能力(非母語話者の場合など)や性格などの撹乱要因は、事前に検査して数値化し、その得点に応じて被験者を幾つかのグループに分ける。

操作的統制　撹乱変数を実験要因として取り上げる。ただし、独立変数が複数になるため実験が複雑になるのであまり好まれない。そこで、実験後の統計的分析で、共分散分析などを用いることにより、撹乱変数の効果を調整する。

被験者のサイズの決定

実験による検証対象となるのは、たとえば「日本人」などの膨大な数になる。これを母集団と呼ぶ。しかし、実験で母集団全員を被験者として測定するのは不可能であるため、母集団の代表として、母集団から無作為に選ばれたある集団を被験者とする。この被験者の集団を無作為標本とよび、標本から得られたデータの平均や標準偏差から母集団の分布を統計的に推定することになる。標本サイズが小さすぎると偶然的な変動による影響を受けやすくなるし、大きすぎると微細な意味のない差まで検出してしまうことになる。各自の研究内容に応じて適切な標本サイズを算出する必要がある(算出法については岩原(1951)や芝・南風原(1990)を参照)。

実験の実施
実験要因として設定した変数に属する刺激を被験者に呈示し、その反応を測定する。

実験結果の統計的分析
実験計画と統計的検定は表裏一体をなすものであり、実験計画段階で、どのような検定を行うことになるのかは決定している。実験計画に応じた統計的検定を行い、条件 A のとき a という現象が生じたと言えるかどうかを確かめる。個々の検定法については田中・山際(1989)、森・吉田(1990)、芝・南風原(1990)、宮埜(1993)等を参考にされたい。

仮説の見直し
実験結果は必ずしも、最初に立てた作業仮説にあてはまるものが返ってくるとは限らない。仮説では予測できなかった結果が出た場合、まず作業仮説が適切であったかどうかを検討する。次に研究仮説そのものが正しいものであったかどうかを吟味し、必要に応じて修正し、再度実験を行う。

3.3.3 言語心理学の利点
反証可能性を堅持する

　言語心理学では、実験が報告されるときには、必ず、どのような刺激・機材・被験者・手続きを用いたのかが明記され、誰にでも同じ実験を再現できるよう配慮される。もし他の研究者が同じ方法を用いて実験を行うなら、同じ結果を得られるはずである。もし、異なるモデルを用いて同じ現象が説明されたなら、両モデルの良し悪しを比較検討できる。ただし、異なる被験者を用いて実験を行った結果、異なる結果が得られれば、被験者の年齢や知能レベル、生育環境といった要因の影響が考えられる。その場合、そういった要因を含むモデルへの拡張する必要性も吟味できる。

説明的妥当性の検証手段を有する

　言語心理学の中心課題は、現象を説明することである。表出された行動の記述ではなく、その行動を産出したり解釈したりする人間の内的モデルを構築することに主眼が置かれる。そして、そのモデルから演繹的に個別・特殊事象が導かれる。そして、人間の頭の中は直接覗くことはできないが、差異法などの手法を用いることによって、説明モデルの中で設定した要因と事象との間の因果関係があるかないかを検証できる。モデルから予測された結果を得るということは、その説明が妥当であるという結論を得ることになる。

　また、統計的推定を用いることによって、その場で観察された事例の背景にある母集団に対してもこの内的モデルを適用することが可能になる。母集団の大きさを競うことで、幾つかの内的モデルが提案されたときに、それぞれの説明的妥当性に甲乙を付けられる。例えば、日本人を母集団とした場合と、世界中の人間を母集団とした場合では、後者の方の説明的妥当性が高くなる。

結果の般化性を追求する

　コーパス言語学で結果の般化性を得るためにあらゆる文脈をデータに取り込もうとするのとは反対に、言語心理学では研究目的に関係のないあらゆる文脈をデータから取り除く。その方法が撹乱要因の統制である。実験統制を用い撹乱要因（文脈と読み換えても良い）を検証過程から排除できる。実験にはできるだけ会話の文脈を持ち込まないか均等に各刺激に対してバランスをとることで、撹乱要因が結果に影響することを防ぐ。こういった手段を講じることによって、比較的少数のデータからでも一般的な結果を導けるようになっている。ただし、こういった統制が次に述べる言語心理学の問題点である生態学的妥当性を低めることにつながる。

3.3.4　言語心理学の問題点

生態学的妥当性が低い

　統制実験に対する最も大きな批判は、生態学的妥当性が低い、ということ

であろう。実験室環境における人工的刺激への反応は被験者にとって過去に経験のない出来事であり、特定の実験環境や実験刺激に特化した行動である可能性がある。従って、実験室での被験者の行動が、人間の一般的行動として般化できるか否かという問題が生じる。人間の聴覚が最も敏感であるのは人間の音域 3 〜 4KHz 付近とされているが、指向性マイクで一度収録された音声を刺激として呈示する場合、低周波数成分の解像度が高くなっている。こういった音声は、我々が普段対面状況で聞いている会話音声から程遠くなる恐れがある。防音室や暗室などでの実験は外界からの刺激を完全に統制できる反面、遮音や遮光が被験者に特殊な生理状態をもたらす可能性がある。刺激の呈示―反応、刺激の呈示―反応、…という単純な行動を続けた場合、その刺激に対する感度だけが増大し、日常会話で生じているような様々な要因が交絡した状況での統合的反応が不活性化する可能性がある。このような実験的環境における行動を基に、日常的な会話の認知処理モデルが検証可能かどうかは大いに疑問がある。

3.4 本研究で提案する研究手法

　ここまで見てきたように、会話分析、コーパス言語学、言語心理学という3つの研究手法にはそれぞれ一長一短がある。いずれの手法も科学的研究としての反証可能性を有するが、生態学的妥当性、結果の般化性、説明的妥当性を考えたとき、いずれかひとつの手法でこれらを満たすことはできない。生態学的妥当性を取るなら、会話分析やコーパス研究を行わねばならない。結果の般化性を求めるなら、コーパス研究や心理学の手法を選ばねばならない。説明的妥当性を検証しようとするなら、心理学的な実験操作を行う必要がある。

　本研究では、これらの研究手法を併用することによって相補的に各手法がもつ問題点を埋めることにする。本研究では、以下の流れで研究を進める。

1. 大規模コーパスを用い、すべての会話に共通して見られる参与者たちの会

話運用の法則性を抽出する。
2. その運用の法則性を生み出す参与者たちの認知処理モデルを帰納的に導く。
3. 2で策定した認知処理モデルから演繹的に導かれる行動の変異を演繹的に導出する。
4. 心理実験により、参与者たちの認知処理と表出される行動の間に因果関係があることを実証する。
5. 会話分析により、実験で得られた結果が通常の会話でも運用されている認知処理であることを確かめる。

　1でコーパス分析を行う理由は、会話データの整備が既に終わっており、迅速かつ簡便に話者移行適格場の観察が可能だからである。大規模データを観察することにより、会話参与者の個人的属性や各発話が生じた会話文脈を抜きにしても生じるであろう話者交替時の特徴を抽出する。4で心理実験を行うのは、発話中の特定の統語要素がまさに聞き手たちに話者交替適格場を予測させる原因となっていることを検証するためである。5で会話分析を行うのは、文脈を切り取って実験的に得られた話者交替適格場の認知処理が、普段人々が日常的に行っている会話の中でも用いている認知処理であることを保証するためである。

注
1　記述の単純さという観点から見ると、ケプラーの地動説の方が、やや良いモデルということになる。天動説では、惑星の軌道を記述するために4つの変数を必要としたが、ケプラーの地動説では3つの変数でよかった。変数の少ない地動説の方が、記述的な妥当性は高い。
2　適当なサイズや数は研究の目的に応じて変わる。汎用性のあるコーパスを作成するには、サイズや数は多ければ多いほど良いとされる。
3　http://www.speech.kth.se/wavesurfer/download.html から入手可。
4　http://sourceforge.net/projects/agtk/ から入手可。

5   http://chasen.naist.jp/hiki/ChaSen/ より入手可。
6   http://chasen.org/~taku/software/cabocha/ より入手可。
7   http://www.anvil-software.de/ より入手依頼。
8   この作業を簡便化するため、数人の研究者が独立にタグ付けを行い、食い違い部分を相互調整する、という方法もある。
9   ただし、Chomsky は変形規則と認知規則は同一のものと考えたわけではない。「われわれはある特定の生成文法で、文が一定の派生を経て作りだされる、という言い方をすることがあるが、この時、話者や聞き手が、そうした派生構造を構築するのに、実際的あるいは能率的なやり方としてどんな手順を用いているか、という点につては何も行っていないのである。これらの問題は言語使用の理論、つまり運用の理論に属する」と述べている(Chomsky, 1965)。

第4章　日本語における相手話者発話中の発話開始現象

4.1　はじめに

　Sacks らは会話における基本現象として、(2)一時には1人の人が話していること、(3)重複時間が短いこと、(4)重複が少ないこと、(13)重複を解消するメカニズムが存在すること、など再三に渡って重複現象の希少なことを指摘している。会話に対するこのような認識は彼らだけのものではなく、Ervin-Tripp(1979)は英語における大人の会話では重複の頻度は5%以下であることを指摘しているし、Beattie & Bernard(1979)も話し手のうち34%が0.2秒以内で話者交替を行うことを観察している。そして、話者交替システムは、この話し手が常に1人であることを実現するシステムとして記述されたものである。

　ところが、日本語における自然な会話では、2人以上の参与者が同時に発話している時間が予想外に多い。日本語地図課題対話コーパス(128対話・約23時間)を調べてみると、重複の生じている発話は全体の45%にも上る。また、重複時間は、対話所要時間の5.3%にあたり、1発話あたりの長さは約322msであった。この数字は、これまでの報告を裏切るものであり、日本語においては英語と全く異なる構造によって話者交替が実現されているのではないか、という直感的な疑問を生じせしめるものである。

　ただし、先にあげたデータには「はい」などの短いあいづちも1回と数えられていることも一要因と考えられる。日本語の「あいづち」は英語の'Back-channel' に比べると2倍以上の頻度で出現し(メイナード、1993)、

なおかつ、これらのあいづちは発話の終端韻律が置かれる地点で打たれる（Clancy、1982）ため重複が非常に多くなることが知られている。Schegloff (2000)によれば、(1) 'Back-channel' や 'completion'¹ などは、聞き手がターンを取る意思がなく相手のターンを遮るものではないので、TCUとはみなされないこと、(2)これらの発話はどのように相手発話に重複しても構わないことが指摘されている。日本語において重複が多くなるのは、「あいづち」などターンを構成しない発話が多く出現するためであろうか。このようなTCUを構成しない重複と、それ以外のもっと情報を含んだものとに分けて観察する必要がある。ここでは、日本語をその談話機能によって分類し、どのような機能を担った発話において重複が見られるのかを概観することにする。

4.1.1　H.Clark(1994)の分類

重複が生じた箇所の談話機能を分類したものとして Clark(1994)がある。日本語における重複箇所を観察するにあたり、彼の分類を参考にする。Clark(1994)の挙げている会話の方略は以下のものである²。

Acknowledgements　聞き手が承認する単位の終わりに重複する。

A. uh:m about the:lexicology *seminar,*

B.   *yes*

A. actually Professor Dwight says in fact they've only got two more m
　. uh:m sessions to go, because I didn't realize it it
　.finishes at Easter,

Collaborative completions　聞き手が話し手の発話を補う形で、TCUの途中で意図的に会話者が変わるときに重複する。

A. so it. wouldn't really be .

B. mubh point,. *no,*

A.   *no,* .(laughts)

Recycled turn beginnings　先の話し手が注意を払うように、次話者が重複した部分を繰り返す。
A. I didn't know what days you had *classes or anything*
B. 　　　　　　　　　　　　*Yeah an I didn't know* I didn't know when you wore home-

Invited interruptions　現話者が聞き手に TCU の終わりでなくとも理解したら遮るように促したところで重複する。
A. The one who drove him to work the day his car *was-*
B 　　　　　　　　　　　　　　　　　*Oh Gina!*
A: Yeah Gina. She said she saw you at the beach yesterday.

Strategic interruptions　次の話し手が話し出すのに適当な理由があると考えたところで現話者の発話を遮るように重複する。
A. their doesn't really seem *anything*
B. 　　　　　　　　　　　*but how* long do you think it'll take them to finish?
Nonlinguistic actions　うなずきのような非言語的行為が現発話と重複する。

4.1.2　改良された分類

　これら Clark の指摘した重複箇所における談話機能を下敷きに日本語会話を分類することにする。ただし、Nonlinguistic action に関して言えば、話者交替の枠組みで捉えるには議論の余地が十分にある。なぜなら、話者交替システムは、そもそも人間の認知的制約により音声チャンネルを複線で利用することができないゆえに成立するものであり、視覚チャンネルである非言語行動が音声チャンネルと重複することを障害するものではないからである。従って、本節での分析対象外とする。また、Recycled turn beginning についても、談話機能を構成するものではなく、重複が生じたことへの対処行動であるという理由のため本研究の範疇外とする。
　さて、Clark の分類に従って千葉大地図課題対話のうちの 1 対話(約 10 分)

に出現した重複発話の談話機能を分類したところ、先の分類上に存在しないもの、説明が不十分・不適切であり評定者間での一致が困難なケースが多く出現した。それらのケースを参考に評定者の一致が得やすいよう改良した分類を以下に示す。

・Clark の Strategic intteruptions に相当するもので、話し手が聞き手に発話を要求していない場面で、聞き手が自分が発話開始することが何らかの理由で正当だと判断して発話開始したものを以下の2種類に分類する。

　相手の応答を要求
　隣接ペアの第一部分を用いることによって、相手から何らかの応答を引き出すことを期待する発話である。代表的なものとして、呼びかけ(「ねえねえ」など)・質問／確認(「そちらに○○(目標物の名前)はありますか」「○○(目標物)はどこにありますか」「○○(方向、距離など)へ行きますか」「○○(目標物)のところまでですか」など)・提案((「～したらどうですか」「～すればいいんじゃない?」「(私が)～しましょうか」)など)などがある。

　新たな情報提供
　相手に自分の状態を報告したり、これから取るべき行動を説明したりする発話である。代表的なものとして、陳述(「○○(目標物)あります」「○○(目標物)のところにいます」「○○(目標物地図上の位置など)まで行きます」)が挙げられるが、談話標識(「では」「なら」「つまり」「でも」など)のみからなる発話もこれに含める。

・Clark の Invited interruptions に相当するもので、話し手が聞き手に発話を要求しているような場面で、聞き手が発話したものを以下の2種類に分類する。

返答
相手話者の質問や叙述に対し、答えを提供する発話である。相手話者が特に要求をしていないときの自発的返答もこれに含まれる。目標物の有無や名前を問う質問への返答、許可を求める発言（「～してもいいですか」）への返答（「はい」「どうぞ」「だめです」など）、自発的返答（「そうです」「はい」など）等がある。

承認
「わかりました」、「できました」などの相手の発話に対する、より単純な承諾や完遂の報告、または「いやです」、「できません」などの相手の発話に対する、拒否や実行不可能性の報告をする発話である。

・Clark の Collaborative completions にあいづちを含めたもので、聞いている、理解しているという合図を示す。この合図により現発話者に発話を続けることを促していると考えられる。以下の2種類に分類する。

あいづち
相手話者の発話の途中で、相手話者の発話内容への理解を示すとともに先を促す発話。「はい」「うん」などがある。

補完
相手話者の発話の途中で、その発話の一部を補完するように、相手発話中の単語や文節を引き継いだ形で発話を始めたもの。相手の発話内容を先取りすることによって、相手発話への理解を示し、話し手に発話の続きを促すもの。

・Clark が指摘していない発話であり、上記の3分類のいずれにも属さないもの。以下の3種類がある。

復唱
相手の発話の一部を自発的に繰り返す発話。相手に確認をとっている

とも自分の中で反芻している(独り言)ともとれ、その意図は明確ではない。承諾やあいづちなどの要素も含まれていると考えられる。上記 3 分類のうちいずれにもまたがる非常に中間色の強い発話である。

フィラー
沈黙を埋めるために発話される意図のない発話。「えと」「え」「うんと」などがある。

感嘆
「えっ」「あれ」「うそ」「ほんとう」など、主に驚きを表す発話。

4.2 分析 1

改良された分類の各カテゴリーに属する重複発話の頻度を算出する。その頻度から、日本語において重複が多くなるのは、ターンを構成しないあいづち・補完が多く出現するためであるのか、それとも、どの発話に対しても重複が許容されるせいなのかを調べる。

4.2.1 方法

分析対象 日本語地図課題対話コーパス(堀内ほか、1999)中の 64 対話(平均対話継続時間は約 11 分)に出現した重複、6202 発話を分析対象とする。この対話コーパスは、2 人の実験参加者により地図課題を共同して達成するための対話データ 128 対から成る。各参加者には 1 人一枚ずつ地図が与えられ、出発地点から目標地点までのルートが描かれている地図を持つ対話参加者(以下、情報提供者)が、ルートの描かれていない地図を持つ他方の対話参加者(以下、情報追随者)にそのルートを言語情報により指示して描かせる。2 人の持つ地図上には若干異なる指標物が含まれており、お互いの地図情報を相手に伝達することでルート記入を正確に行うことを目標としている。このコーパスは、発話の開始・終了の時間が正確に記載されている。特に、転記テキストだけではなく、実験に参加する 2 人の音声を分離して随時聞くことが可能な形にコーパス及びツール類が整備されているので、重複という現

象についての実証的研究を行うのに適している。また、間仕切りのある防音室での録音という若干人工的な環境に参加者は置かれているが、2人の話者が課題の達成に集中することによって、対話自体を目的としないため、対話そのものは自然で自発的なものが収録されていることから、自然な対話における重複現象を扱うことができるものである。

手続き 分析対象となった各重複発話を3人の評定者が分類する。評定者の総数は21人であり、各評定者が8対話ずつ分類を行う。評定者は、まず、分類の定義について学習し、幾つかの練習課題を試行した後、評定作業に入る。評定に際しては、転記テキスト及び音声ファイルを参照する。

4.2.2 結果

3人の評定者のうち2者の評定一致率は83.9%であった。分析には、少なくとも2人の評定が一致したデータ（5204発話）を分析に用いる。

表4.1は評定の一致した重複発話がどのカテゴリーに分類されていたかを表している。ただし、発話内容が不明であったり、笑いであったりしたものは除いてあるので、発話総数は4621発話である。上段は生起度数を表し、下段は生起比率を表す。

表 4.1 重複発話の談話機能別の発生頻度

相手の応答を要求	新たな情報提供	返答	承認	あいづち	補完	復唱	フィラー	感嘆
681	578	1157	359	1354	87	158	32	214
14.7%	12.5%	25.0%	7.7%	29.3%	1.9%	3.4%	0.7%	4.6%

この表を見ると、29.3%と「あいづち」の生起頻度が高いが、同様に「返答」も25.0%と高い。次いで、「相手の応答を要求(14.7%)」「新たな情報提供(12.5%))」と高い。

表4.2は日本語地図課題対話コーパス中の8対話に生じた発話すべての談話機能を分類したものであるが、この表と先の表4.1を比べると、重複発話が生じた発話では、特に「あいづち」と「返答」という機能を担っているも

のが多くなることがわかる。また、「相手の応答を要求」や「補完」においても、よく重複が見られることもわかる。逆に、「新たな情報提供」や「承認」といった機能の発話は、全体の生起頻度から見ると、却って重複が少ないことが伺える。

表 4.2 　地図課題対話 8 対話における全発話の談話機能別の発生頻度

相手の応答を要求	新たな情報提供	返答	承認	あいづち	補完	復唱	フィラー	感嘆
462	687	230	612	321	22	180	104	25
17.4%	30.0%	8.7%	23.2%	11.8%	0.8%	6.8%	3.9%	0.95%

4.2.3 　考察

　Clark によって指摘されている重複による対話方略をもとに、日本語地図課題対話コーパス中に出現した重複発話を分類できるよう改定したところ、地図課題対話に出現するであろうほぼすべての談話機能の分類となった。この一事を見ても、重複が生じるのは会話の中の一部の談話機能だけではないことがわかる。さらに、これらの分類に重複発話を振り分けたところ、重複が生じない談話機能はなく、特に「あいづち」「返答」「相手の応答を要求」「補完」といった発話での重複が多い。このことは、「あいづち」「補完」といったターンを構成しない発話ばかりではなく、「返答」や「相手の応答を要求」といったターンを構成する発話においても多くの重複が見られることを表している。これに対し、「新たな情報提供」や「承認」といった機能をもつ発話での重複は少なく、談話機能によっては重複が許容されたりされなかったりすることを示唆する。「新たな情報提供」をするような発話で次発話を開始するときは、重複しづらく、「返答」発話で次発話を開始するときは重複しやすいと考えられる。

　ただし、重複の許容度はその発話自身の談話機能だけではなく、先行発話の談話機能に依存するところも大きいと考えられる。「あいづち」と同様重複の多かった「返答」発話は、先行する発話に隣接対第一部分が来るはずであり、第二部分が相手によって要請されている。このような場合、むしろ相手発話への重複が好まれることは容易に想像できる。分析 2 ではこの問題

について考える。

4.3 分析2

重複が生じた前の発話の談話機能が何であったかを確かめる。これによって、重複された発話・重複した発話のどのような談話機能の組み合わせが整ったときに、重複が生じやすくなるのかを明らかにする。

4.3.1 方法

重複発話の分類に用いた談話機能分類を用いて、日本語地図課題中の1対話を分類した所、「補完」のように出現するならば必ず重複が生じるようなものを除いて、すべての被重複発話の分類が可能であると判断した。そこで、4.1.2の分類を用いて被重複発話の談話機能分類を行う。

分析対象
重複発話の評定に用いた64対話中の32対話(平均対話継続時間は約9分30秒)に出現した被重複発話、3356発話を分析対象とする。

手続き
分析対象となった各被重複発話を4人の評定者が分類する。評定者の総数は32人であり、各評定者が8対話ずつ分類を行う。評定者は、まず、分類の定義について学習し、幾つかの練習課題を試行した後、評定作業に入る。評定に際しては、転記テキスト及び音声ファイルを参照する。

4.3.2 結果

4人の評定者のうち3者の評定一致率は38.1%であった。分析には、3人以上の評定が一致したデータ(1279発話)を分析に用いる。
表4.3は評定の一致した被重複発話がどのカテゴリーに分類されていたかを表している。また、発話内容が不明であったり、笑いであったりしたもの

は除いてあるので、発話総数は1249発話である。

表4.3 被重複発話の談話機能別の発生頻度

相手の応答を要求	新たな情報提供	返答	承認	あいづち	復唱	フィラー	感嘆
235	808	146	7	7	17	16	13
18.8%	64.7%	11.7%	0.6%	0.6%	1.4%	1.3%	1.0%

　この表を見ると、被重複発話に生じる談話機能は「新たな情報提供」が圧倒的に多いことが見て取れる。「相手の応答を要求」する発話とあわせると、全重複のうち84%に上る。ところが、「承認」「あいづち」「復唱」などに対しては全くといって良いほど、重複は生じていない。

　表4.4は、先の重複発話の分類とこの被重複発話の分類の対応を表したものである。両方の分類において2人／3人以上の評定が一致したもののうち、発話内容が不明・笑いであったものを除いたもの（計949発話）だけを掲載している。

表4.4 被重複発話と重複発話の談話機能の生起頻度の組み合わせ

重複発話＼被重複発話	応答要求	情報提供	返答	承認	あいづち	復唱	フィラー	感嘆	
応答要求	28	98	16	0	2	2	1	1	150
情報提供	17	72	20	0	2	2	4	0	122
返答	66	125	16	3	1	2	4	1	221
承認	16	65	12	0	1	1	2		102
あいづち	38	169	27	3	1	0	3	0	242
補完	3	25	1	0	0	3	0	1	33
復唱	4	31	7	0	0	1	0	1	45
フィラー	0	5	2	0	0	1	0	0	8
感嘆	9	26	7	0	0	1	0	0	43
	181	616	108	6	6	13	13	6	949

　この表において最も顕著なのは、「新たな情報提供」に対する「返答」が

非常に多くなることである。また「情報提供」に対しては、「応答要求」や「あいづち」も多い。「応答要求」に対しては「返答」が最も多くなる。また、「返答」に対しては割合重複が見られるのに対し、「承認」に対してはたった6例しか重複は見られない。「あいづち」やその他に関してもあまり重複は見られなかった。

4.3.3 考察

　被重複発話は「新たな情報提供」に対するものが圧倒的に多くなる。特に、この被重複発話に対しては、「返答」が多くなる。例えば、例3のような箇所でこの現象は生じる。

例3
111　F：　い時計回り<176>て<176>時計回りに＋
112　G：　＋反時計回りだよね
113　F：　いや<224>時計回りだよ
114　F：　え
115　F：　お［<128>あのねさじゅっす
116　G：　　　　［えだから廃屋の廃屋の右下だ右下
117　F：［あ最初廃屋の右下に行く［んだ
118　G：［右
119　G：　　　　　　　　　　　［うんそうそうまっすぐ行くと<112>廃屋の右下
120　G：　上にまっすぐいくと＋
121　F：　＋上にまっすぐ行くんだそ［れは
122　G：　　　　　　　　　　　　［す<192>そうそう＋
123　F：　＋まっすぐいくと廃屋くの［<144>うん
124　G：　　　　　　　　　　　　［右下に<112>そう上にまっすぐ行くと

転記は左から順に、発話番号発話者・発話内容を表す。改行単位は自己発話内 400ms 以上の無音区間が生じたところでなされている。発話者 G は情報提供者を、発話者 F は情報追随者を表す。+ 記号は、先行話者の発話終了直前（100ms 以内）に相手話者が発話を開始したことを表す。記号は発音の不明瞭であった箇所を表す。また、100ms 以上の無音区間は <> の内側にその無音時間長を記してある。

発話 117「あ最初廃屋の右下に行くんだ」という情報追随者 F の発話は地図中のルートに関する新たな気づきを表明したもので、「新たな情報提供」に分類されている。これに対し、情報提供者 G の発話 119「うんそうそうまっすぐ行くと廃屋の右下」は、117 の発話に対する「返答」と分類されている。同様に、F の発話 121「上にまっすぐ行くんだそれは」も新たな発見を陳述したものとして「新たな情報提供」と分類されており、これに対して G の発話 122「すそうそう」は「返答」となっている。これは、「相手の応答を要求」していない発話、「新たな情報提供」をしている発話に対して、「返答」が用いられることによって、「返答」生起頻度が著しく高くなるのである。特に相手から応答を要求されていないときに、次話者が積極的にその発話に対する「返答」「承認」を与えていく、このとき重複が生じやすくなる。つまり、「新たな情報提供」を先行発話とし、「返答」を次発話とする、という談話機能の組み合わせが整ったとき重複の発生しやすい環境が整うことになる。しかし、「返答」以外の談話機能を担う発話による重複も圧倒的に多い。表 4.4 中いずれの列を比べても「新たな情報提供」が最も度数が高く、次いで「相手に応答を要求」が多くなっているという結果は、一定以上の発話内容を含む長い発話は重複されやすいことを示している。

次に、「返答」に対しては 108 個の重複が見られるのに対し、「承認」についてはたった 6 個の重複しか見られない、という事実について考察する。この重複は、「返答」部分において「はいはいはい」「あるそうです」など同一機能を担う発話が連続的に用いられたときに生じる。1 つの談話機能を担う発話には 1 つのターン完結可能点があるとするなら、例えば「はいはいはい」では「はい／はい／はい／」(スラッシュはターン完結可能点を表す) と

3回の完結可能点が出現し、前方の2つのうちのいずれかに対して次発話が開始されたときに重複が生じる。

例4の発話111には「あはい／おなはい／同じ大きさです／」と3つの完結可能点がある。Fの発話112は2つ目の「はい」における完結可能点に反応して発話を開始したと考えられる。例5、発話541―542における重複も同様の現象である。「返答」ではこのように同じ談話機能をもった部分が繰り返されることが多く、重複を生じさせやすい環境を整えるのだといえる。

例4

109 F: 山てゆうのは [<160> 普通の魔術山くらいの大きさですか
110 G: 　　　　　　 [うんな
111 G: あ <160> はいおなはい同じ [大きさです <208> はい <304> それ
　　　　で露天風呂はその左にありますかね
112 F: 　　　　　　　　　　　　　　[同じようなものが
113 F: いやないです +

例5

534 G: 今度ここそっからまたちょっとカーブを描いて
535 G: [上に行くんだけど
536 F: [うん
537 F: うん
538 G: その上に行った先がね
539 F: うん
540 G: 展望台ある ; 疑問調
541 F: あるある [ある
542 G: 　　　　 [いくつある
543 F: 一個
544 G: どこにある
545 F: 左上

546 G： 左上にある；疑問調
547 F： うん
548 G： 展望台と柵の
549 G： ちょうど <240> 中間点

　ただし、発話545「左上」、発話547「うん」のように談話機能が1つで完結可能点が1つしか出現しないときにはこのような重複は見られない。「承認」に対する重複が少なかったのは、承認においては談話機能が複数用いられることが少ないことが原因の1つとして考えられる。また、別の理由として、これは「あいづち」「感嘆」にも当てはまることであるが発話継続時間が短いため、先行発話開始後に発話を開始したのでは重複できないとも考えられる。人間が発話を開始しようとしてから実際に口から音がでるまで200ms以上は必要とするので、これより短い発話に対しては重複は不可能である。すなわち、「承認」は重複が生じにくい環境をつくる。「あいづち」「感嘆」についても同様である。

例6

196 G： ほほぼ同じような大きさで[<240>すぐ下に古代ローマ風の浴場があります
197 F： 　　　　　　　　　　　　　　　　　　　　　　　[はい
198 F： 　　　[え古代ローマ風の浴場[<272>湖のすぐ下 +
199 G： はい
200 G： + はい同じぐらい[です
201 F： 　　　　　　　　　　　と同じぐらいに <144>[えと
202 G： 　　　　　　　　　　　　　　　　　　　　　　はい
203 F： こ <144> 古代ローマ風の
204 G： 浴場
205 F： よくじょ[う
206 G： 　　　　　[はい

最後に「復唱」「フィラー」に重複が少ない理由を考察する。「復唱」のほとんどは相手発話中のある名詞を繰り返すものである。しかし、その発話が「復唱」で終わるのか、他の機能「応答要求」や「情報提供」となるのかは発話の終端まで聞き手にはわからない。発話終端に韻律的変化が生じたならそこで発話が終了することが始めて聞き手にわかるため、そもそも重複が少なく、もしあったとしても「復唱」発話末尾のモーラあたりである。例6において、発話198「え古代ローマ風の浴場」、発話204「浴場」に対する重複は発話が終了する直前である。「復唱」は重複を生じさせにくい環境をつくるといえる。

「フィラー」に対する重複が少ないのは、通常フィラーは発話開始部に用いられ、これから発話が始まることを聞き手に知らしめるという機能を担っているせいであろう。聞き手は、先行発話が「フィラー」で終了するとは予測できないため、次発話を開始することを控えるのだと考えられる。このことから「フィラー」が単体で用いられているようなときには、重複を抑制する効果があると考えられる。

4.4 まとめ

本章においては以下のことを明らかにした。
- 日本語において重複が多くなるのは、「あいづち」などターンを構成しない発話が多いからだけではない。
- 重複が生じにくいのは、発話が短すぎたり、重複を抑制したりするような機能を担ったもののみである。
- 現話者が「新たな情報提供」「相手の応答要求」といった談話機能を用いて話しているとき、極めて多くの重複が生じる。重複の84%はこのときに生じる。

「新たな情報提供」「相手の応答要求」が情報を伝達する上で根幹的な方略であることを考えると、日本語においては、何か一定以上の長さ・情報量をもつ発話に対しては、ほとんど重複が許容されていることになる。重複を抑

制するような環境を整える発話以外の発話においては極めて多くの重複が生じているのである。本章における分析は、これまで基本的に重複が生じないような会話に対して当てはめられているSacksたちの話者交替システムが日本語には当てはめられないのではないか、日本語では英語とは全く異なる仕組みで話者交替が実現されているのではないかという疑念を強くさせるものである。次章では、日本語の話者交替規則について考える。

注

1 相手が人名や地名などの単語がわからず発話中に word search をしているときに、その単語を聞き手が代わりに補う形で発話したものを 'completion' と呼ぶ。
2 以下の引用例中で使用されている記号の意味は以下の通り。
, トーン・ユニットの終わり
- 長いポーズ
. 短いポーズ
: 母音の引き伸ばし
* 隣接する発話どうしの重複

第 5 章　移行適格場としての発話末要素

　本章では、日本語独自の統語構造を利用した場合、話者交替はどのように生じるかを明らかにする。文の構造が時間とともに暫定的な変更可能性を有している日本語のような言語において、話者交替のための特殊な言語的装置が機能する。その言語的装置とは、文の統語的完了を示す「です」や「ます」などの発話末要素であり、これがターン構成単位の構造を遡及的に明らかにし、TCU の前完結可能点として機能することを指す。本章では、一度 TCU にこの前完結可能点が出現すれば、それ以降が話者交替適格場(TRP)として聞き手たちに認識されるので、この地点を挟んで次発話は相手ターンへの妨害的重複から無標の重複へと質的に変化することを検証する。

5.1　はじめに

5.1.1　日本語のターン構成と発話末要素

　第 2 章で紹介した Sacks et al.(1974)らの話者交替システムを定義するならば以下のようになる。

（1）話し手は TCU と呼ばれる潜在的なターンの単位によって話しており、この単位の終わりには完結可能点がある。現在の話し手が完結可能点に達したとき、次発話者として選択された者か、そうでなければ最初に話し始めた者が、次の発話順番に対して、話す権利をもつ。

話者交替システムによれば、話し手はTCUと呼ばれる、ターンを構成しうる最小の単位によって話しており、この単位の終わりには完結可能点(possible completion point)がある。完結可能点付近は円滑な話者交替が可能になる場所であり、ひとつのTCUの終わりには、完結可能点がひとつある。完結可能箇所で話者交替が生じるならそこがターン完結地点となるが、話者交替が生じないならターン完結地点は少なくとも次のTCUの完結可能箇所までは訪れない。完結可能点はTCU冒頭から投射(project)され、深刻な重複や沈黙の無い話者交替を可能にする(Sacks et al., 1974; Jefferson & Schegloff, 1975)。英語のように、語順によって格構造が主に決定される言語では、完結可能点までの投射を可能にするうえで、特に統語(文の構造)が重要な役割を果たしているとされている(Sacks, 1992; Schegloff, 1996b; Duncan & Fiske, 1977; Orestrom, 1983; Ford & Thompson, 1996)。英語においては、文頭に比較的近い位置に発話の形式やタイプを投射する要素が出現し、主に統語構造が語順によって決定されるため、TCU冒頭から徐々に完結可能点への投射が完成していく。また、完結可能点の前には、次の文法的完結可能点が完結可能点となる先触れとしてpitch peakなどの前完結可能点(pre-possible completion point)が出現し、TCU末への投射が完成する(Schegloff, 1996b)。完結可能点は、韻律や統語構造、語用論的用法やジェスチャーなどの複数要因によって投射されるが(Ford & Thompson, 1983; Ford, Fox, & Thompson, 1996b)、英語では語順によって格構造が主に決定されるため(Sacks, 1992; Schegloff, 1996b)、特に統語構造によるターン末の投射が決定的となる。

　格構造が語順によって決定されない言語では完結可能点への投射に統語情報を用いるのは困難である。格マーカとしての助詞が主に格関係を表示する日本語では表層上の語順が自由であり(Hinds, 1982; Mori, 1999; Hayashi et al., 2002)、発話の終了地点に近づくまで最終的な発話の枠組みは暫定的で修正可能である。また、一般的には述部要素の終わりが文法的完結点とみなしうるにもかかわらず(Kuno, 1973)、述部要素のさらに後方に様々な語がくることもある(Ono & Suzuki, 1992; Maynard, 1983; Ford & Mori, 1994)。接

続助詞や引用表現、否定辞が文の後方に置かれるため、常に漸進的な変形可能性を有しており(藤井、1995)、動詞語幹の生起は完結点への投射をもたらすが、そこが完結点となるかどうかを判断するには不十分である。日本語は、発話の終了が非常に予測しにくい言語といえる。

しかし、実際の会話では話者移行は極めて円滑に生じており、投射の不確定さにもとづく発話間の時間的隔たりや無秩序な音声的重複による深刻なトラブルは見られない。円滑な話者の移行は、先行発話の終了地点を知らせる何らかの手がかりが存在していることを意味する。

Tanaka(1999)は、日本語におけるTCUの最終的な構成要素として発話末要素があり、これが前完結可能点の役割を果たすと述べている。発話末要素とは、発話末に出現し、命題の意味以外にアスペクトやモダリティといった付属的な意味を発話に付与する統語的要素である。日本語地図課題対話コーパス(堀内ほか、1999)8対話中に出現した発話末要素を著者が日本語文法の品詞体系別に分類したもの[1]が表5.1である。表中の各単語は対話コーパスにおける出現形で表記してある。カッコ内の数字は、資料中にその単語の出現した頻度である。

表5.1 日本語地図課題コーパス中に出現した発話末要素

補助動詞	ください(69)、くる(2)、みる(2)、いる(1)、もらう(1)
補助動詞相当	てる(29)、ちゃう(14)
形式名詞	こと(16)、よう(13)、わけ(2)、もの(2)
助動詞	です(254)、ます(234)、だ(126)、た(105)、う(24)、ない(20)、ん(18)
終助詞	ね(169)、か(129)、よ(69)、な(19)、の(6)、や(2)、わ(1)、っけ(1)

投射　　　　　　投射

枠の隙間を出てないとこーいうこと　でしょ

TCU

完結可
能点

前完結
可能点

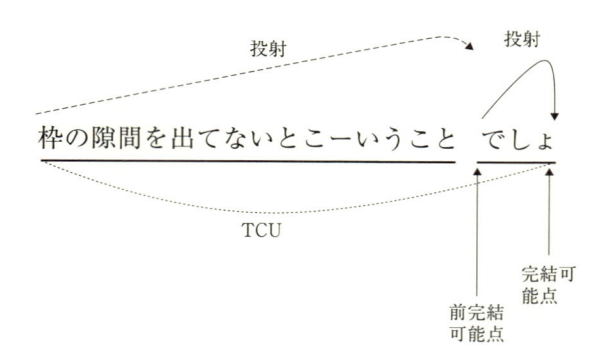

図 5.1　Tanaka(1999)における完結可能点

　Tanaka(1999)は、発話末要素の開始部分は前完結可能点であり、発話末要素末尾が完結可能点であるとした。図 5.1 は Tanaka の例を参照に、これを模式的に示したものである。「枠の隙間をでてないとこーいうこと」という発話前方部分においては、完結可能点への投射は不十分である。ところが、最後に出現する発話末要素「でしょ」が開始されると一気に完結可能点の投射が生じると述べている。

　たしかに、発話末要素は、文法的要素の比較的自由な連接が可能な言語においては、文がこれ以上変形せず終了に近づいたことを示す上で中心的な役割を果たす。発話末要素が出現するなら完結可能点への投射が可能になるので次発話の開始が可能になる。Jefferson(1984)の指摘するような terminal overlap に相当する重複が日本語においてもこの箇所で観察される。聞き手はどのように発話末要素をリソースとして完結可能点を予測し、円滑な話者交替を実現しているのであろうか。

5.1.2　発話末要素による話者交替の実現の仕方

　Tanaka の理論を詳細化したものが図 5.2 である。日本語では、その漸進的変形可能性のゆえに、TCU の完結可能点は予め投射される範囲に限界がある。随時出現する格マーカはそれまでの TCU の構造を遡及的に表示すると同時にその先に対する投射を行うが、完結可能点への投射を果たすには至

らない。完結可能点を投射するのは発話末要素のみである。発話末要素がひとたび出現すると、現 TCU の全体構造を遡及的に表示し、同時に完結可能点への投射を完了する。聞き手は、発話末要素を聞くなりただちにこの投射を利用して、現 TCU に TRP が訪れたことを知り次発話を開始できる。ここで、現 TCU が発話末要素分継続されるので次発話との重複が生じるかもしれないが、現 TCU がすぐに終了するために深刻なトラブルを引き起こさない。従って、現発話に発話末要素が出現した段階で、聞き手にとっては次発話開始にふさわしい場所 (TRP) となる。

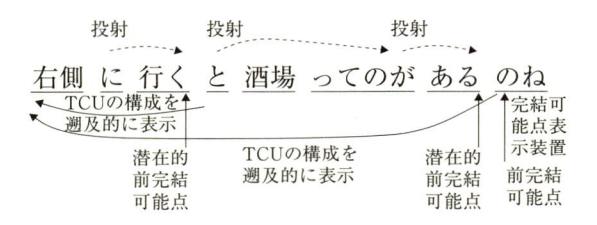

図 5.2 完結可能点表示装置と TCU の遡及的表示

そこで、日本語における話者交替規則は (1) ではなく以下のように定義すべきであろう。

(2) 話し手は TCU と呼ばれる潜在的なターンの単位によって話しており、この単位の終盤には完結可能点表示装置がある。完結可能点表示装置は、現行の TCU の全体構造を遡及的に表示し、その TCU の完結可能点を投射する。現在の話し手が完結可能点表示装置を用いたとき、次発話者として選択された者か、そうでなければ、最初に話し始めた者が、次の発話順番に対して、話す権利をもつ。

ターンを構成できる最小の単位である TCU の途中には「潜在的前完結可能点 (potential pre-possible completion point)」が複数ある。「完結可能点表示装置 (possible completion point indicator)」とは、潜在的前完結可能点を「前完結可能点 (pre-possible completion point)」たらしめる装置であり、TCU 末

尾に置かれる発話末要素を指す。TCU の潜在的前完結可能点はいくつも出現するが、そのうち実際に完結可能点表示装置が後続した箇所が前完結可能点となる。

　完結可能点表示装置が出現した段階で、話し手の TCU は、音声的連続体としては終了していなくても、すでに潜在的完結点を投射しているので、聞き手は次のターンを開始することができる。すなわち、話者交替に適切な場所 (TRP) となる。図 5.2 中の例、「右側に行くと酒場ってのがあるのね」という発話を最後まで聞けば、TCU が「右側に行くと酒場ってのがあるのね」であることがわかる。しかし、完結可能点表示装置は「右側に行く」の末尾、「と酒場ってのがある」の末尾に出現可能であり、この位置は潜在的前完結可能点ではあるものの、後続する要素が出現するまではそこが前完結可能点となるか否かはわからない。「右側に行く」の後ろに「と」が出現すると、それまでの TCU が文の中の従属節であることを遡及的に表示し、後続する主節の出現を投射する。実際その後主節の主語である「酒場ってのが」が出現し、これはさらに主節述部要素の出現を投射する。主節述部要素「ある」が出現すると、ここは潜在的前完結可能点となる。しかしまだその後ろに「ので」などの接続詞がきて、そこまでの文がまだ従属節であることを表示するという可能性を否定できない。発話末要素である「のね」が出現して初めて、文がいよいよ終了することを表示し、「ある」がこの TCU 最後の潜在的前完結可能点であることを示す。このとき、「ある」の末尾は前完結可能点となり、完結点がまもなく訪れることを明らかにするので、聞き手は次ターンを開始するのにふさわしい場所が訪れたことを知ることができる。日本語では、その統語構造上前方からの完結可能点に対する投射が困難であるが、この完結点表示装置を利用するならば、自動的に、話し手は上手くターンを渡すことができ、聞き手は上手くターンを取ることができる。このような話者の交替に関わるデバイスを先に挙げた話者交替規則 (2) とする。

　本章では、この話者交替規則 (2) が成立することを示す。聞き手が完結可能点表示装置としての発話末要素を、円滑な話者交替のためのデバイスとして利用していることを実証する。まず実験 1 では、完結可能点表示装置への

重複発話が、完結可能点表示装置以前の個所への重複と比べてより妨害の度合いが低いことから、完結可能点表示装置以降の話者交替が円滑なものとみなされていることを実証する。実験2では、完結可能点表示装置の開始地点から後方へ一定時間遠ざかると妨害度が一気に低下し、この地点を挟んで話者交替の適格さが質的に変化することを示し、話者交替規則(2)が指向されていることを実証する。

5.2 実験1

5.2.1 概要

　話者交替規則(2)が成立するならば、完結可能点表示装置である発話末要素は、潜在的前完結可能点を前完結可能点へと変化させる。発話末要素が出現した場合、TCUの完結可能点はすでに投射されているので、話者交替に適切な場所となるはずである。

　完結可能点表示装置の出現に伴って、次発話者が次のターンを開始したとき、話し手の音声的終了部は実際にはもう少し後、発話末要素終了部にあるので、音声的重複が生じるかもしれない。しかし、この重複は前完結可能点以降に生じたものであり、単なる物理的音声重複という以上の意味をもたないので、円滑さを損なわない。ところが、相手発話の終了を知らせる完結可能点表示装置を待たずに次発話者が発話を開始したとしたら、潜在的前完結可能点が前完結可能点となるか否かとは無関係に次発話を開始したことになり、相手のTCUへの侵害となる。したがって、先行発話への音声的重複は、相手の発話権への「妨害」と受け取られ、妨害度が高くなるはずである。よって、以下の予測が成立する。

予測1
(a) 発話末要素出現後に重複がなされたならば、相手発話への妨害度が低い。
(b) 発話末要素出現前に重複がなされたならば、相手発話への妨害度が高い。

以下では、これらの予測を検証する。

5.2.2 方法

談話資料

談話の資料として、4.2.1 節で紹介したのと同じ地図課題対話コーパスを用いる。地図課題対話コーパス中の 8 対話(計 67 分 59 秒)に対し、ATR 式の音素境界ラベリングにより音韻継続時間が各音素ごとに付与されたものを基礎データとする。コーパス中での発話単位は 400 ミリ秒以上の無音区間に挟まれた発声区間とされているが、本研究では以下の 5.2.2 の定義により TCU を認定し、各話者の TCU ごとに音素ラベルを用いて TCU 及び、発話末要素の継続時間情報を付与したものをデータとして使用する。

表 5.2 ターン構成単位の境界

完結点	節末 1〜3 に 300ms 以上のポーズが後続するもの
完結可能点	節末 1 に 300ms 以上のポーズが後続しないもの
準完結可能点	節末 2 に 300ms 以上のポーズが後続しないもの
完結音調	上記 3 種類の境界以外で上昇調イントネーションが出現するもの
倒置	節末 1〜3 に後続する倒置要素
自己介入	話し手自身が発話を中断したもの
他者介入	話し手以外の介入により発話が中断されたもの
不明	発話内容が推測できないもの

節末は以下のいずれかのものをさす。
節末 1 用言・助動詞終止・命令形、終助詞、感動詞類
節末 2 ガ・シ・ケレド系並列節
節末 3 引用節、条件節、並列節、理由節、カラ・ヨウニ節

TCU の認定

ターン構成単位については、予備的分析として直感に基づく境界を付与し、検討を行った結果(榎本ほか、2004)、表 5.2 の認定基準を整理し、これにしたがって、本研究のデータにラベリングを行った。

ただし、これらの要素が陽に出現していなくても、連鎖上の内容からこれ

らの要素を補って考えられる場合は節末に準ずるものとした。談話標識、フィラーについては、単独で出現したものについてはその位置で分割されるが、後発の発話を伴うものはそれと同一のまとまりとする。発話が相手話者の次発話によって中断された場合、中断された発話の末尾までを1 TCUとする。「はい」「うん」については、肯定、承諾、あいづちなどさまざまな位置に出現しうる(榎本・土屋、1999)。出現位置から見て、隣接ペア第二部分(Schegloff, 1968, 1972; Schegloff & Sacks, 1973)に相当するもの、交換構造(Stabbs, 1983; Sinclair & Coulthard, 1975; Coulthard, 1977)の連鎖上に出現したものは肯定、承諾とみなし、1 TCUとする。ただし、「はい始めます」のように文頭に出現する「はい」は後続の発話とまとめて1 TCUとする。これら以外の位置に出現したものは、あいづちとみなす。

話者交替に関する定義
各ターンの生じた時間的関係に基き、話者交替の型を以下のように定義する。これらのうち、話者が交替するものをデータとする。
- 話者が交替するもの
  - 非重複型：無音区間を挟んで話者が交替
  - 準重複型：先行発話の終了と同時(±100ms 以内)に話者が交替
  - 重複型：重複を伴い話者が交替(先行話者が先に発話を終了)
- 話者が交替しないもの
  - 重複内包型：重複を生じるが先行話者が発話を継続(重複話者が先に発話を終了)
  - あいづち型：聞き手のあいづちをまたいで先行話者が発話を継続

なお、複数の話者の同時開始や同時終了、同時開始かつ同時終了といった発話は、話者の移行に関していずれが先行発話か重複発話かを判断しかねるためデータから除外した。

発話末要素のラベリング
表5.1 に挙げた発話末要素に該当する単語が TCU 内に出現したものについ

て、発話末要素のラベリングを行う。

実験デザインと刺激

談話資料中に出現した話者交替が生じており、先行TCU末に発話末要素が出現したものを実験刺激の素材として用いる。交替が生じていた発話対のうち、以下の重複開始位置条件各4水準にみあうものを18組ずつ選択した。これは、重複位置による妨害度の差とは別に、重複した発話や重複された発話に内在する喚起要因が考えられる。Schegloff(2000)によれば、重複によって音声的トラブルが生じるとこれを解消するためのインタラクションが起こるため、音韻的伸張、音量の増大、ピッチの上昇、同じ語の繰り返しや言い淀みなどが重複後の発話に生じる。この発話に内在する喚起要因の影響を排除するため、実験データは、本来の重複位置が上記4パターンに当てはまるものから均等に選択する必要がある。同一の内在的妨害度を持つ発話対がすべての開始位置条件に割り振られることによって、開始位置条件の変化のみに基づく妨害度の差を測定するためである。

開始位置条件

選択されたオリジナルの発話対から、重複開始位置を人工的に変化させたものを刺激として用いる。重複の開始位置の違いを独立変数、それに対する妨害度を従属変数とする一要因の被験者内計画である。地図課題対話から選ばれた発話対16組に対して重複の開始位置を操作して以下の4水準を設け、計64発話対を作成した。同じ発話対について同一の被験者が評定しないようカウンターバランスをとった。

1. 後続発話を発話末要素開始時から前方へ180msの地点に移動した重複発話
2. 後続発話を発話末要素継続長の中心点へ移動した重複発話
3. 後続発話を発話末要素終了時へ移動した準重複発話
4. 後続発話を発話末要素終了時から後方へ200msの地点に移動した非重複発話

発話末要素の前方へ移動する場合は、180ms 発話末要素の開始地点から前方へずらし、発話末要素の後ろへ移動する場合は発話末要素の終了時間から 200ms 後方へずらす。これ以下の移動時間では、開始位置による時間差が認知されない可能性があるためである。また、準重複に関してはちょうど先行発話の終了時間へ移動する。

被験者
千葉大学大学生、大学院生計 16 人

手続き
教示は「後の人が話し出したことによって、前の人の話が妨げられているでしょうか？ 後の発話が前の発話を遮っている、と思うかを直感的に判断してください。」であり、被験者は練習を 5 回行った後、本実験を行った。刺激の呈示には Cedrus 社 SuperLab Pro(Version 2.0)を用い、以下の手順で評定を行う。1 人の被験者は全体で 64 発話対について評定を行った。所要時間は 20 分程度であった。
1. 刺激発話対の音声を 2 度再生する(キー押しによる自由再生)。
2. 妨害度評定を「全く妨げていない」〜「とても妨げている」までの 6 段階評定で行う。

5.2.3　結果
開始位置条件を独立変数、妨害度得点を従属変数とする一要因分散分析を行ったところ、主効果が見られた($F(3,45)=50.89$、$p<.001$)。HSD 法による下位検定を行ったところ、各水準において差が見られた。発話末要素以前への重複、発話末要素部への重複、発話末要素部への準重複、非重複の順に妨害度は低くなる。それぞれの妨害度得点の平均値を表したものが図 5.3 である。発話末要素以前に生じた重複と発話末要素部に生じた重複の間で非常に強い有意差が見られた($p<.001$)。

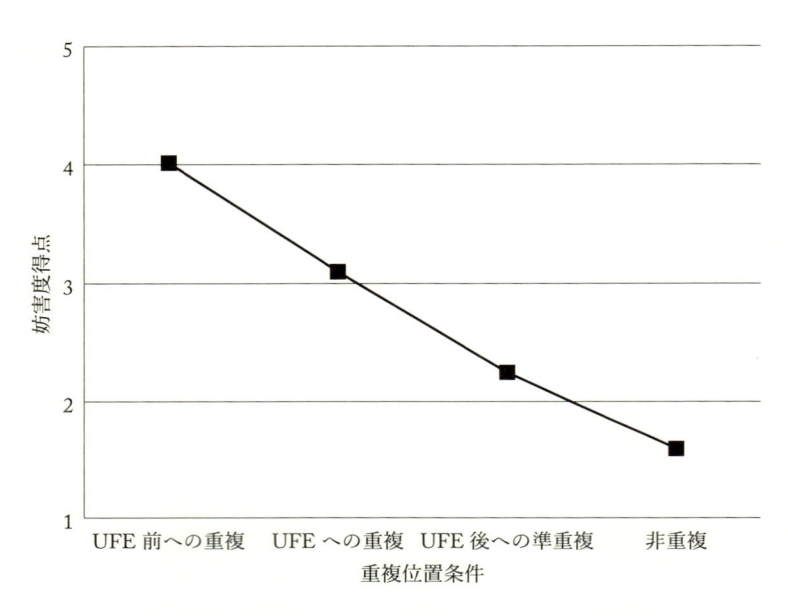

図 5.3 開始位置条件の各水準の妨害度得点の平均値

また、発話末要素部への重複と準重複型の間にも有意差が見られた（p<.005）。準重複型と非重複型の間にも 5% 水準で差が見られたが、反復測定計画であるため、弱いものといえる。

5.2.4 考察

発話末要素以前への重複と発話末要素への重複で差が見られたことは予測1の正しさを示すものである。完結点表示装置である発話末要素の出現に伴い、完結可能点が投射されると、次発話者が発話を開始しても非妨害的な重複になっていた。

ただし、発話末要素の直前が TCU の前完結可能点であるなら、発話末要素の開始後、妨害度が一定になるはずだが、発話末要素部への重複と準重複型の間にも差が見られた。図 5.3 の下降線を見る限り、発話末要素の開始直後よりも発話末要素の終了部付近へ近づくほど妨害度が低くなっている。こ

の結果は話者交替規則(2)の予測に部分的に反している。重複部が発話末要素であるかどうかにかかわらず、単に重複部分の長さに従って妨害度が変化しているように見えるからである。この点を検討するために、実験2では、発話末要素部への重複をより詳細に調べる。

5.3　実験2

　もし聞き手が話者交替規則(2)に従って次のターンを開始するなら、発話末要素末へ近づくほど徐々に妨害度が低くなるのではなく、完結可能点表示装置を利用した時点から一気に妨害度が低くなるはずである。ただし実際には発話潜時を考慮しなければならない。発話潜時とは、完結可能点表示装置によって次ターン開始の合図がなされてから、実際に次ターンを開始する音声が発せられるまでのタイムラグを指す。藤原・正木(1998)の実験では、視覚刺激の呈示から被験者が音声を発するまでにおよそ280msから340ms程度の隔たり(発話潜時)があると言われている。このことから、発話末要素の開始地点から少なくとも280ms後に次発話を開始したものが、話者交替規則(2)に従っている発話になる[3]。

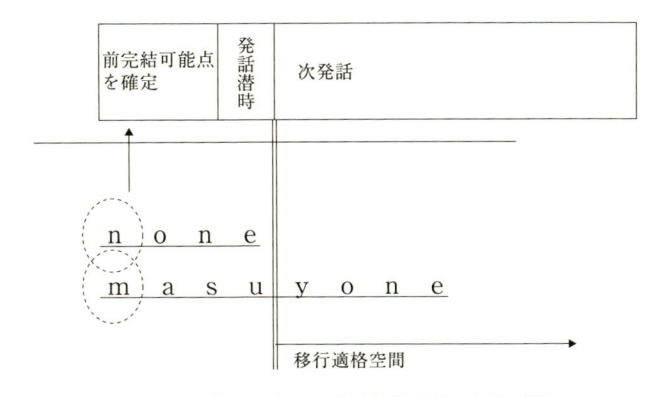

図5.4　日本語における移行適格空間の開始位置

　もし聞き手が上記の言語的装置を利用し、話者交替にいたるなら、実際に

話者移行が生じるのは図5.4の位置になる。「のね」や「ますよね」といった発話末要素が出現すると、聞き手はその初頭で前完結可能点を確定し、次発話を開始する。ところが、脳内で発話末要素を認識し、発話開始の信号を声帯に伝えるというタイムラグが入る。従って、音声が発せられるのは、発話末要素開始からこのタイムラグが経過した後であり、そこで話者交替が生じる。発話末要素の継続長によって重複が生じることもあるが、聞き手が上記の言語的装置を利用し前完結可能点を確定してから発話を開始しているなら、この重複は移行時の円滑さを損なうものとはならないはずである。すなわち発話末要素開始地点プラス一定のタイムラグ後から円滑な話者交替が可能な空間となるはずである。反対に、たとえ次発話の開始地点が発話末要素内であっても発話末要素開始から発話潜時を隔てていなければ、その発話は前完結可能点以前、TCUの完結を待たずTCUの途中で話し始められたことになる。従って、円滑な話者交替とはいえない。相互作用上、実際の移行が適格になるのは発話末要素開始地点より少し後方に隔たった地点からであり、この地点を挟んで話者交替の適格さが質的に変化すると考えられ、以下の予測が成り立つ。

予測2

(a) 発話末要素の開始から発話潜時を隔てた後に重複が開始されるならば、相手発話への妨害度が低い。
(b) 発話末要素の開始から発話潜時を隔てずに重複が開始されるならば、相手発話への妨害度が高い。

実験2では、発話末要素末へ近づくほど妨害度が低くなるのではなく、発話末要素の出現が聞き手に確認されて一定時間後、妨害度が一様に低くなることを検証する。

5.3.1 方法

発話末要素への重複において、発話末要素が発話されてからターンが交替したか否か、発話潜時を隔てた後に発話が開始されたか否かによって妨害度が一様に変化することを調べるために、発話末要素の継続時間、及び重複開

始位置が異なる刺激を用いる。

　発話末要素の継続時間が発話潜時よりも短ければ、発話末要素を聞いてから開始したのでは重複にならなかった発話であり、要素末尾への重複の場合も、発話末要素を確認する前に計画された発話であるとみなせる。継続時間が発話潜時より長い場合、重複の開始位置が発話潜時よりもはやければ、発話末要素を確認する前に計画された発話であり、開始位置が発話潜時より遅ければ、発話末要素を確認した後に計画された発話であるとみなせる。

　よって、発話末要素の継続時間が発話潜時より短い水準では一様に妨害度が高く、長い水準では発話潜時をまたいで妨害度が変化するはずである。

実験デザインと刺激

談話資料中に出現した異なる話者による発話対のうち、先行発話中に発話末要素が出現したものを実験素材として用いる。実験デザインとしては、以下に説明する、発話末要素の継続時間条件(2水準)×重複位置条件(5水準)の2要因を被験者内配置とする。実験1と同様、刺激に偏りを生じさせないため、オリジナルの発話データは、発話末要素の継続時間条件2水準、重複位置条件5水準のそれぞれから同数選択する。このオリジナルの発話対20組から、重複位置条件の5水準にあてはまるよう、重複位置をずらせた発話対計100組を作成し、同じ発話対について同一の被験者が評定しないようカウンターバランスをとる。

発話末要素の継続時間条件

発話末要素の継続時間の長いもの(長水準)と短いもの(短水準)の2水準を用意する。ここでは発話潜時長を280msと捉え、長水準は、発話末要素の継続時間が280msより長いもの、短水準は、280msより短いものを選ぶ。同一水準内の継続時間が刺激間で揃うように、できるだけ同程度の長さのものを選んだ(長水準380ms以上480ms以下、短水準180ms以上280ms以下)。

重複位置条件

先行発話への重複開始個所によって以下の5水準を設ける。発話末要素の開始地点、発話末要素の継続時間の3分の1の地点へずらしたものを前半への重複とする。発話末要素の継続時間の3分の2の地点、発話末要素の終了時間へ移動したものを後半への重複とする。また統制群として、発話末要素の手前(発話末要素の開始時間からさらにその継続時間の3分の1だけ前方)へずらしたものを用いる。

1. 後続発話を発話末要素開始時から前方へ発話末要素継続時間の3分の1移動した重複発話(-1/3 水準)
2. 後続発話を発話末要素開始時に移動した重複発話(0/3 水準)
3. 後続発話を発話末要素開始時から後方へ発話末要素継続時間の3分の1移動した重複発話(1/3 水準)
4. 後続発話を発話末要素開始時から後方へ発話末要素継続時間の3分の2移動した重複発話(2/3 水準)
5. 後続発話を発話末要素終了時に移動した準重複発話(3/3 水準)

作成された刺激の発話末要素開始時からの平均経過時間及び範囲は、発話末要素の継続時間条件短水準でそれぞれ、-84ms［-73, -91］(-1/3 水準)、0ms［0, 0］(0/3 水準)、84ms［73, 91］(1/3 水準)、168ms［147, 182］(2/3 水準)、252ms［221, 273］(3/3 水準)、長水準でそれぞれ -139ms［-127, -155］(-1/3 水準)、0ms［0,0］(0/3 水準)、139ms［127, 155］(1/3 水準)、278ms［254, 311］(2/3 水準)、419ms［381, 467］(3/3 水準)であった(［ ］内単位も ms)。

被験者

千葉大学大学生、大学院生計 15 人

手続き

妨害度の評定にマグニチュード推定法を用いる。対照比較を行うための標準

刺激には、妨害度が最も高くなるように、重複開始位置を発話末要素から180ms前方へずらせたもの（実験1の結果から、180msの移動で十分に妨害度の差が検出されたため）を用いる。標準刺激では、発話末要素継続時間が280msから380msのものを用いた。標準刺激40組と重複位置条件、発話末要素継続時間条件を備えた実験刺激40組をそれぞれ組み合わせて呈示する。

　教示は「この発話で後の人が前の人を遮っている度合いを10点とすると、次に出てくる発話で後の人が前の人を遮っている度合いは何点になるでしょうか？　2つの発話を聞き比べて、1点から10点の間で点数をつけてください。」であり、被験者は練習を3回行った後、本実験を行うものとする。1発話対につき以下の手順で評定を行い、全体で40発話対について評定を行った。所要時間は30分程度であった。

1. 標準刺激発話対の音声を再生する（キー押しによる自由再生）。
2. 実験刺激発話対の音声を再生する（キー押しによる自由再生）。
3. 妨害度評定を1点から10点の10段階評定によって行う。

5.3.2　結果

　発話末要素継続時間条件と重複位置条件を独立変数とする2要因分散分析を行ったところ、交互作用が見られた（$F(4, 56)=6.27$、$p<.001$）。発話末要素継続時間条件と重複位置条件の各水準における妨害度得点の平均値をプロットしたものが図5.5である。各条件ごとに単純主効果を求めた結果を以下に示す。

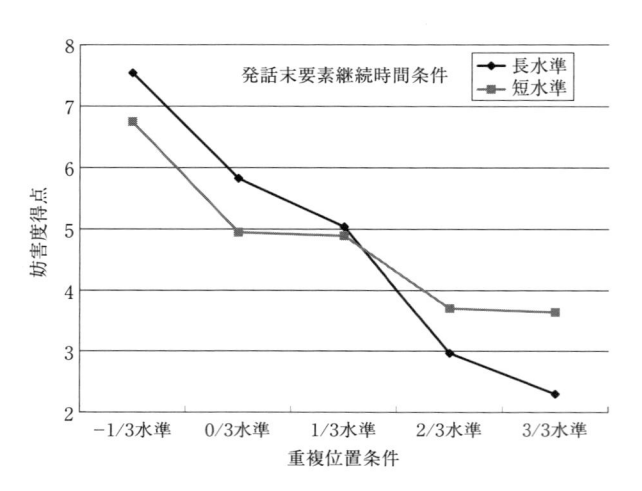

図5.5 重複位置条件と発話末要素継続時間条件の各水準の妨害度得点の平均値

重複位置条件による妨害度の変化

　発話末要素の継続時間が長いものと短いもの、両水準において単純主効果による差が認められた（$F(4, 56)=30.076$、$p<.001$; $F(4, 56)=8.449$、$p<.001$）。HSD法による下位検定の結果、継続時間が長いものでは、開始位置条件による差は-1/3水準と0/3水準、1/3水準と2/3水準、2/3水準と3/3水準の間でそれぞれ5%水準の差が見られた。継続時間が短いものでは、-1/3水準と0/3水準の間に5%水準での有意差が見られた。また、1/3水準と3/3水準の間、0/3水準と3/3水準の間にも差が見られる（$p<.05$）。0/3水準と1/3水準と2/3水準の間には見られなかった。

妨害度と重複時間、発話末要素開時からの経過時間との相関

　発話末要素の終了付近の妨害度の差に着目すると、発話末要素の継続時間が長いもので、より妨害度が低くなっていた。発話の重複時間と妨害度との相関は統計的に有意であった（$r=0.41$、$p<.05$）。しかし、重複時間が長く発話末からの距離が遠くても、発話末要素の開始地点から遠い位置に重複したものでは妨害度が低くなる。そこでこれとは逆に発話末要素の開始地点から

の経過時間と妨害度との相関を調べたところ、統計的に有意な負の相関が得られた(r=-0.48、p<.05)。さらに、発話末要素の開始時間からの経過時間と妨害度得点との間に指数回帰曲線のあてはめを行ったところ、有意であった(R^2=.241、p<.001)。直線回帰の場合は R^2=.229 であり、両者の自由度は同じであることから、指数曲線の方がデータをよく説明している(図5.6参照)。

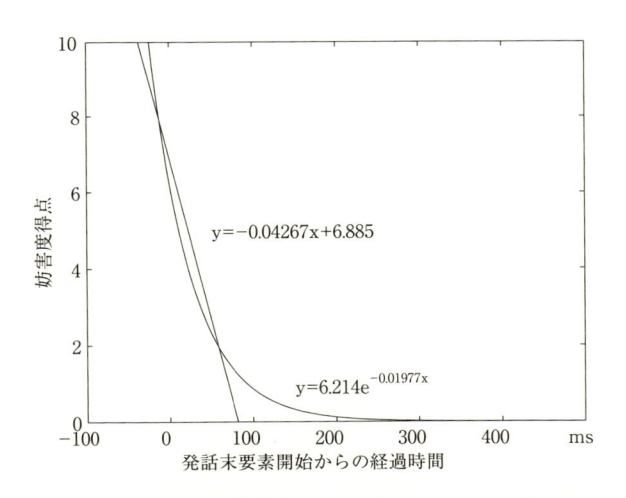

図5.6 妨害度と発話末要素開始からの経過時間との間の回帰モデル

5.3.3 考察

発話末要素内の重複位置を変化させて妨害度を調べたところ、確かに発話末要素末尾への重複は発話末要素先頭に比べ非妨害的であった。ところが、発話末要素の継続時間条件と開始位置条件に交互作用が見られることは、単純に発話末へいくほど妨害度が低くなるというわけではないことを示している。発話末要素が短くて、重複時間が極めて短くなったものよりも、発話末要素が長くて、開始時点からの経過時間が長くなったものの方が妨害度が低くなるのである。さらに、妨害度は、重複時間との相関が有意であるけれども、発話末要素開始部からの経過時間により強く相関する。この結果をあわせると、発話末要素前半では重複時間が長くなれば妨害度が高いが、後半では重複時間が長くても発話末要素の開始時から隔たっている方が妨害度が低

くなるのである。回帰モデルの当てはめを行ったところ、直線よりも指数曲線の方が当てはまることがわかった。このことは発話末要素の開始時から一定の時間が経過すると一様に妨害度が低くなることを意味する。

重複開始位置条件における短水準で、0/3 水準、1/3 水準、2/3 水準の間に妨害度の差が見られなかったことは、発話末要素の開始から 0ms 〜 182ms 以内に重複が開始されたものは区別されていないことを示している。ところが、221ms 以上経過したもの (3/3 水準) は他の重複開始と比べると妨害度が低くなることから、発話潜時をまたぐか否かによって重複が妨害的になるか否かのニュアンスが異なってくるといえる。また、長水準を見ると、0/3 水準、1/3 水準の間に差は無いことから、やはり、発話末要素の開始から 0ms 〜 155ms 内では一様に妨害的となることがわかる。1/3 水準と 2/3 水準、2/3 水準と 3/3 水準の間にそれぞれ有意差が見られたことから、254ms 経過後には妨害的ニュアンスが低くなるといえる。図 5.6 の予測式 $y=6.214e^{-0.01977x}$ からも 200ms 代前半で妨害度得点が 0.1 以下になり、0 に漸近することが見て取れる。これらの結果を合わせて考えると発話潜時はおよそ 220ms 〜 250ms であり[4]、発話末要素を聞き取ってから次発話を開始したものは無害な音声重複しか引き起こさないといえる。

これらの結果は発話末要素の開始時から (推定) 発話潜時分の時間が経過すると一様に妨害度が低くなることを意味する。すなわち、発話末要素開始地点より発話潜時分隔たった地点を基準として、それより前は妨害度が高い領域、それより以降は妨害度が一様に低い領域といえる。このように、発話末要素の前と後は、重複の許容度に関してカテゴリカルな違いを呈しており、参与者たちは発話末要素を重複可能な空間と捉えていることが明らかになった。発話末要素が確認されてから発話を始めるのに十分な時間があった場合に重複が生じても妨害度が十分低くなるのは、発話権が移行するにあたって、話者交替規則 (2) が指向されていることを支持する。

5.4 総合的考察

　潜在的前完結可能点は完結可能点表示装置の直前に存在するが、完結可能点表示装置が出現するまでは、それが前完結可能点となることが明確ではないので、完結可能点表示装置以降が話者交替に適切な場所となる。完結可能点表示装置として発話末要素を利用した場合、そこでの重複は非妨害的となり、完結可能点表示装置を利用しないで発話を開始した場合、重複は妨害的となる。発話末要素の開始地点を境にして妨害度が大きく異なることが実験1により示された。また実験2では、発話末要素への重複が一様に非妨害的なわけではなく、聞き手が完結可能点表示装置を利用したと言える分だけ重複の開始位置が発話末要素の内部に食い込んだ地点から指数関数的に妨害度が低くなることが明らかになった。これらの実験結果から、発話末要素が完結可能点表示装置として利用されており、発話末要素の開始以降そのTCUはすでに完結可能点を投射したものとしてTRPへと質的に変化することが明らかになった。

　聞き手が妨害的意味をもたずに発話を開始するためには、完結可能点表示装置である発話末要素が発話されたのを確認しなければならない。発話末要素の認識から実際に音声が発せられるまでおよそ220ms〜250msかかる。ちょうど発話末要素の開始時へ重複した場合、発話末要素を聞く前に、調音器官が語頭音の生成に向けた運動を開始していたことになる。つまり、完結可能点表示装置を利用せずに発話したことになり、先行発話が終了しなかった場合、相手発話へ侵入することになる。従って前完結可能点直後での重複は、結果的には前完結可能点であったものの、聞き手にとっては潜在的前完結可能点に過ぎず、妨害的意味合いを担ったものと受け取られる。そこで話者交替規則(2)に従う参与者は、相手発話への妨害を避けるために、完結可能点表示装置を待って潜在的前完結可能点が前完結可能点になってから発話を開始することを指向する。

例7

G： ではそんな北の沼その沿って左側に行き｜ます[と
　　　　　　　　　　　　　　　　　　　｜←→[
F：　　　　　　　　　　　　　　　　417ms[はい

G： まだいたい斜めに向かって行って｜ますよ[ね
　　　　　　　　　　　　　　　　　｜←―→[
F：　　　　　　　　　　　　　　361ms[はい

例8

F： えーとこちら<190>目標地点はない｜[ですね
　　　　　　　　　　　　　　　　　→｜[←
G：　　　　　　　　　　　　　　13ms[書いてや<61>ありませんか

例9

G： 原子力の<110>じっけ<290>実験施設と書いてあり｜ますか[そっちの図には
　　　　　　　　　　　　　　　　　　　　　　　　｜←―→[
F：　　　　　　　　　　　　　　　　　　　　309ms[えーとこちらはございません

例10

F： えーと無いんです[けどこれ
G：　　　　　　　　[あない｜で[すかはい<60>えーと大きな松の木ありますか =
　　　　　　　　　　　　→｜　[←
F：　　　　　　　　　230ms[はい
F： = あはいあります =
G： = はい

例 11

G：　えとまず左上の方に出発地点があると思うん｜［ですけ［どー
　　　　　　　　　　　　　　　　　　　　　　→｜［←
F：　　　　　　　　　　　　　　　　　　46ms［はい　［あります

<> で囲まれた数字は、ターン内に出現した休止時間長であり、単位は ms とする。［は重複開始位置を示す。= は先行発話終了時間 ±100ms 以内の準重複を示す。G、F は話者記号であり、情報提供者を G、情報追随者を F によって表す。矢印の下の数字は、発話末要素の開始から重複発話の開始までの時間を示す。｜は発話末要素の開始地点を示す。［は重複開始位置を示す。

図 5.7　対話例（日本語地図課題コーパスより抄録）

　たとえば日本語地図課題対話コーパスからの例 7 を見てみよう。G の発話末要素の開始地点、「行きます」の「ます」の開始地点から F の発話開始までは 417ms 空いている。その次の「行ってますよね」の「ますよね」の開始地点と F の発話開始地点までは 361ms の開きがある。F は G の発話への妨害を避けるために、完結可能点表示装置を利用して完結可能点の投射がなされてから発話を開始している。ところが、例 8 では、F の「ないですね」の「ですね」の開始地点と G の発話開始地点は 13ms しか隔たっておらず、G は F の発話の潜在的前完結可能点である「ない」が前完結可能点か否かを確認せずに発話を開始している。本章の実験結果はこのように潜在的前完結可能点が前完結可能点に変化する前に重複したものは、前完結可能点が明らかになってから重複したものに比べて遥かに妨害的になることを示している。次発話がもつコミュニケーション上の意味は、完結可能点表示装置によって前完結可能点が明確化した発話と、まだ潜在的前完結可能点にすぎない発話のいずれに重複したかによって二分されることになり、妨害度の顕著な差となって現れる。

　このような規則への指向は、重複がどのように解消されるかということにも関わる。たとえば、例 9 では前完結可能点後の発話権の帰属が問題となる。G から F への移行は、現発話者 G が前完結可能点表示をした後で次発

話者Fが発話を開始した例である。完結可能点表示装置が現れると、次発話者Fが話者交替規則(2)に従い、発話を開始する。したがって、次発話者の発話は非妨害的な発話である。ところが、先行話者のGが前完結可能点を呈示したにもかかわらずターンを延長したため重複が生じた。ここでの重複は、先の発話者Gの責任に帰属する妨害行為であると考えられる。ここは、発話権が次発話者の方へ移行する場所なので、重複が生じたときにターンを保持する権利を有しているのは次発話者Fの方である。従って、このままGが発話を続けたら、Gによって引き起こされた妨害的重複となる。この場合、規則への侵害を犯しているのは先行話者の方である。その証拠に、Gの「そっちの図には」という部分はFの「えーとこちらはございません」という発話に打ち消される形でフェードアウトしている。Gは妨害的重複を避けるためにトーンを一段低くすることで、現ターンの終了があたかも「ますか」であったかのように振舞っている。

　完結可能点表示装置が出現したからといって必ずしも先行話者の発話が終了するわけではないが[5]、それが出現したら必ず話者交替に適切な場所が訪れるといえる。聞き手が完結可能点表示装置の開始ではなく発話の終了に反応するのであれば、話し手がターンを延長した場合、いつまでも聞き手はターンを取得できないか、話者交替規則に違反して無理やりターンを奪うことになる。しかし話者交替規則(2)に従うと、完結可能点表示装置の出現によって前完結可能点が確定して以降、話者交替にふさわしい場所となるので、聞き手はスムーズにターンを得ることができる。話し手は、少なくとも、完結可能点表示装置が完結可能点を呈示した直後は、次のTCUを開始することができない。いまだ先のTCUを発話し終えておらず、次のTCUを開始することは物理的に不可能だからである。これに比して、聞き手は完結可能点表示装置が完結可能点を呈示した直後に、自分のTCUを開始することができる。従って、完結可能点表示装置の開始から次のTCUが開始されるまでの空間は、次のターンを取得する上で聞き手に有利な空間となる。上記の例はこのことを例示している。

　ところで、前完結可能点以降に完結可能点表示装置によって前のターンが

残っているということは、完結可能点表示装置に反応して非常に短いターンを次発話者が発した場合、先のターンの終了以前にその短いターンが終了することがあるということを意味する。例10の2、3行目、Gの「あないですか」という質問に対しその発話末要素「ですか」が終了する前にFの「はい」という返答が挟まっている。その結果、質問の前に返答が終了するという現象が生じている。しかし、Fの「はい」という返答に対するフォローアップ（了承）として、その後Gは「はい」という発話をしている。これは前のターンの拡張ではなく、Fの「はい」に反応した新しいターンの開始とみなせる。このように、完結可能点表示装置に対する反応は、たとえそれが時間的に先行発話に完全に埋もれたものであっても、先行話者はそれを無視することができない。これに対して、聞き手が完結可能点表示装置を利用せずはやく話し出してしまった場合、先行発話はまだ前完結可能点を迎えていなかったことになるので、発話権の取得に失敗することになる。例11で、Fの発話開始はGの完結可能点表示装置の開始からわずか46msしか隔たっておらず、FはGの「です」という発話末要素が利用可能になる前、潜在的前完結可能点において応答をしている。この段階ではターンが移行せず、GがFの応答に対して反応しないことによって、Fの「はい」はあたかも存在しなかったかのように扱われている。Gは「ですけどー」と「どー」の音を引き伸ばすことにより、Fがもう一度同じ応答内容「あります」を言いなおすことを促している。これらの例も、完結可能点表示装置の認識の有無が、発話権を誰が保有するかに関して、重要な役割を果たしていることを例示している。

5.5 まとめ

本章では、発話の統語的完了に焦点を当て、日本語では発話末要素の出現がTCUの構造を遡及的に明らかにするという特性から、そのTCUに前完結可能点が訪れたことを表示し、聞き手がこれを利用して発話を開始しているという話者交替規則(2)を提唱した。これを検証するために、対話コーパ

スから得られたデータを基に評定実験を行い、発話末要素への重複発話が、それ以前の個所への重複と比べてより妨害の度合いが低いこと、発話末要素の開始地点から一定時間後方へ遠ざかるとほぼ一様に妨害度が低くなることを示した。

　従来、発話末要素部での重複は、ターン末への投射が不十分であるか、ターン末が発話末尾一帯に広がっているから生じるのであるという説明がなされてきた。しかし、発話末要素を完結可能点表示装置であると捉えることによって、この現象が会話運用において話者交替に適切な場所が慎重に計画された結果、必然的に生じる現象であることがわかった。現行発話の発話末尾で次発話者が発話を開始するのは、前方からの大雑把な投射などに基づいているのではなく、完結可能点表示装置によって完結可能点の呈示と次発話開始による妨害可能性の解除がもたらされることに依拠している。このシステムを利用するならば、自動的に、話し手は上手くターンを渡すことができ、聞き手は上手くターンを取ることができる。

　本規則は重複を生じさせないためのメカニズムを記述したものではなく、重複がどのようにして妨害的にならないかを記述したものである。実際の会話では妨害的重複も非妨害的重複も往々にして生じるが、この両者を分かつ境目のひとつを規則化した。

　そして、これまでは、このような社会言語学的規則は、生起頻度の多少によってその正当性が主張されてきたが、この分析手法では重複が妨害的か非妨害的かといった問題は扱えない。そのため、話者交替規則から度外視されてきたのが重複現象である。本研究では、心理評定によって、段階的に変化する音声的重複から割り込み的重複を切り出し、分析俎上に載せることができた。この分析を通じて、円滑な言語コミュニケーションの有り方を捉える上で、重複現象が指し示していた話者交替の内在的メカニズムが明らかになった。一見無作為に生じているようにみえる重複現象こそが、まさに話者交替規則(2)の結果であり、会話インタラクションに実際に利用されているシステムを反映する現象であることを明らかにした。

注

1 分類の単位は形態素であり、日本語地図課題対話コーパスに対して茶筌による解析を行った結果に基づいている。「てる」「ちゃう」はそれぞれ「て―いる」「て―しまう」という2つの単語が融合したものであるが、話し言葉の中ではしばしばこのような融合された形で出現する。本研究では、国立国語研究所(2006)に基づきこれらを一単語として扱い、分類を「補助動詞相当」とした。
2 200msずらすと先行発話の開始時間より後続発話の開始時間がはやくなる発話対が生じるため。
3 実際には、発話末要素部を語として認識するための時間も含めなければならない。しかし、連続音声中の語(特に文末付近の語)の認識は文脈情報の助けにより、語頭音の知覚程度で間に合うものと思われる。
4 藤原・正木(1998)の実験結果と多少の違いが見られる。この差異は、彼らの実験ではレスポンスに破裂音のみが用いられていたこと、本研究が第三者の知覚実験であったことに起因すると考えられる。
5 音声対話コーパス中、実際に話者交替が生じたターンにおいて発話末要素を含む650発話のうち、発話末要素で終了した発話は451例、発話末要素の後ろに「なら」「ので」「けれども」などの接続助詞を伴って終了したものが48例、接続助詞を伴ってさらに次のTCUが開始されたものはわずか7例であった。

第 6 章　話者交替適格場の認知メカニズム

6.1　はじめに

　前章では、完結可能点表示装置出現後、円滑な話者交替が可能となることを調べるため、知覚実験を用いて、完結可能点表示装置出現以降での次発話開始が無標の重複と受け取られるか否かを測定した。その結果、完結可能点表示装置の出現以降であれば重複時間の長さにかかわらず円滑な話者交替と受け取られること、完結点表示装置の出現以前は重複時間が短くとも妨害的な話者交替と受け取られることを検証した。この結果から、日本語話者なら誰でも完結可能点表示装置以降で話者交替を行うという規則を体得しているといえる。

　本章では前章で提案した日本語の話者交替システムを利用して聞き手がどのように円滑な話者交替を実現しているのかという研究課題に取り組む。そして、日本語の会話において話者交替に適切な場所で聞き手が次発話を開始するための認知処理のメカニズムを明らかにする。このタイミングで話者交替を行うために、聞き手が(1)格要素などによる投射を利用してターンの完結点となる可能性のある箇所を予測し、(2)この箇所に後続する「です」や「ます」などの発話末要素をトリガーとして次発話開始に至る、という処理を行っているという仮説を検証する。これを検証するため、ターン完結可能点となる可能性のある箇所への予測の有無・次発話開始のトリガーとなる発話末要素の有無という 2 要因からなる実験デザインを用いて、話者交替までの反応時間を測定する。発話末要素のある条件では予測の有無にかかわら

ず実際の会話同様極めてはやいタイミングで反応がなされるのに対し、発話末要素のない条件では、完結可能点への予測があったとしても円滑とはいえないほど反応が遅れるという結果から、ターンの完結可能点を認識するにあたって聞き手は認知処理(1)ではなく(2)を行えば十分であることを示す。

前完結可能点の認識と話者移行適格空間での聞き手の認知メカニズム

　本論に入る前に、「投射」と「予測」という言葉の使い分けについて述べておく。投射とは、TCUを構成する複数の要素が予め、そのTCUの構造や完結可能点を明らかにすることを指す。「投射」の主体はあくまでTCUを構成する統語的・韻律的・語用論的要素であり、話し手や聞き手ではない。たとえば、「ifやwhenなどの出現は主節が後続することを投射する」「Do youなどの疑問の開始部分は上昇調イントネーションによってターンが完結することを投射する」のように使用する。これに対し「予測」の主体は人であり、時間的にみて未来の出来事を推し量ることをさす。「聞き手は、従属節は主節と対になるという文法規則から、もし従属節が出現するなら主節が将来出現するであろうということを予測する」のように使用する。会話分析は、参与者の内面に対する説明を回避し社会的相互作用として会話の場に表出された出来事だけを扱うという方略をとるため「予測」という言葉を用いない。これに対し本章は、心理学的な立場から、会話の場に表出された出来事を実現する人間の心内事象を扱うものであり、日本語のターン構成に関わる聞き手の認知メカニズムを明らかにすることを目的とするため、上述のように一般的な意味での「予測」という言葉を用いることにする。

　日本語話者はどのように完結可能点への投射装置、潜在的完結可能点への投射や完結可能点表示装置による逆行投射を利用して、完結可能点の認識にいたるのであろうか。これまで、完結可能点の認識に関わる認知的メカニズムを扱った研究はなく、聞き手がこれらの言語的要素による投射をどのように利用して完結可能点を決定しているのかは皆目わかっていない。会話分析は、参与者の心内事象に対する説明を回避し社会的相互作用として会話の場に表出された出来事だけを記述するという方法論をとるため、ターン構成に

聞き手の
認知メカニズム

| 潜在的前完結可能点への予測 | 先の潜在的前完結可能点の取り消し | 次の潜在的前完結可能点への予測 | 前完結可能点を確定 |

投射　　投射　　　　投射　　　　　　　　言語的装置

右側 に 行く と 酒場 ってのが ある のね
TCUの構成を遡及的に表示　　　　　　　　　　完結可能点表示装置
　　　　　TCUの構成を遡及的に表示
潜在的　　　　　　　　　　　潜在的　　　前完結
前完結　　　　　　　　　　　前完結　　　可能点
可能点　　　　　　　　　　　可能点

図6.1　日本語における前完結可能点の認知的メカニズム

関わる聞き手の認知メカニズムを扱ってこなかった。ゆえに、そもそも完結可能点への投射が完結可能点の認識に利用されるものであるのか否かさえ調べられていない。本章では、認知心理学的な立場から、聞き手の心内事象に立ち入り、日本語に備わっている完結可能点投射のための装置が、どのように聞き手に利用されているのか、最も単純な仮説を立てるところから始める。

まず日本語の TCU を構成する言語的装置を見てみよう。日本語では、英語のように語順によって発話頭から統語構造が明らかになり、文法的最終要素の見当がおおよそつくということがない[1]。一般的に述部要素の終わりが文法的終結点とみなされ、そこが TCU 末となる可能性はある。しかし述部要素のさらに後方に接続助詞や引用表現が置かれて文の構造が変形する可能性を有しているせいで、その述部要素で TCU が完結可能か否かはその場所を通り過ぎてからしかわからない。主格や目的格、目標格などの出現は述部要素の出現まで投射するが、その述部要素が TCU の最終要素となるか否かは投射しない。図 6.1 に例をあげる。「右側に」という目標格が出現すると、移動を表す動詞までを投射する。この段階ではその動詞(この例では「行く」)の末尾は前完結可能点となる可能性のある箇所(潜在的前完結可能点；potential pre-possible completion point)に過ぎない。後ろに接続助詞「と」が

くると、ここまでの発話が文の従属節を構成するものであることを遡及的に明らかにする。またこの「と」は後方に主節が置かれることを投射する。次に、主節の主格「が」が出現すると、さらに存在を表す動詞までの投射が生じる。しかし、いまだその動詞(この例では「ある」)の末尾が前完結可能点となるか否かは可能性があるという状態であるに過ぎない。実際に潜在的前完結可能点が前完結可能点となるためには、発話末要素の出現を待たねばならない。発話末要素が出現すると文がこれ以上変形せず終結すること、このTCU が「従属節＋主節」の形を取るということを遡及的に表示する。従って、発話末要素は文がこれ以上変形せず最終の述部要素を迎えたことを示す完結可能点表示装置の役割を果たす。同時に文全体の構造を明らかにする。発話末要素開始は「ある」の末尾を潜在的前完結可能点から前完結可能点へと変異させる。

さて、これらのターンを構成する言語的装置をリソースとして聞き手はどのように前完結可能点を認識するのであろうか。最初の投射が生じる「右側に」が出現すると次に出現する移動を表す動詞を予測することが可能になり、動詞末を潜在的前完結可能点とひとまず想定できる。ところが接続助詞「と」が出現すると、ここまでの文が従属節を構成することを表示するので、直前の動詞末が前完結可能点とはならないことを知り、次に出現するであろう文要素の終結点への予測を開始する。「酒場ってのが」が出現すると存在を表す動詞までを投射するので、その動詞末尾を潜在的前完結可能点として新たに予測する。続いて発話末要素「のね」が出現すると、TCU の構成が詳らかになる。この TCU は「従属節＋主節」からなることを表示するため、TCU が完結可能となったことを確定できる。従って先ほど予測していた潜在的前完結可能点を前完結可能点と確定して次発話を開始することができる、と考えられる。聞き手が TCU の構成を認識するための認知的処理として以下の 2 つが仮定できる。

1. 聞き手は格要素などによる投射を利用して、潜在的前完結可能点を予測する。

2. 聞き手は潜在的前完結可能点に後続する発話末要素により、予測された潜在的前完結可能点が前完結可能点であることを確定する。

　この認知メカニズムの本質は、次発話開始のために聞き手は、発話末要素をトリガーとして用いれば十分である、という点にある。聞き手は、TCUの音声的終了時を予測して次発話を開始するのではなく、発話末要素が出現さえすれば、聞くことを止め、自己のターンを話し出せばよいことになる。たとえば、「のね」の［no］を聞けば［ne］の終端を待つことなく次発話を開始できる。ただし、［no］が発話末要素である終助詞であって、「野鼠」の［no］などという発話末要素以外の単語の一部ではないことを知るためには前方からの予測が効果を発揮していると考えられる。

　本章では、聞き手が上記の認知的処理により TCU 完結可能点を確定することを示す。完結可能点表示装置をトリガーとして次発話を開始するなら、実際の会話と同様、極めて円滑な話者交替が可能なことを実証する。潜在的前完結可能点、完結可能点表示装置を含む発話と含まない発話（実験要因）に対する被験者の反応時間から、完結可能点表示装置が出現するなら被験者が速やかに反応を開始すること、完結可能点表示装置が出現しないならポーズが訪れて初めて反応を開始することを実験によって示し、上記の認知メカニズムによって話者交替に適切なタイミングが測れることを示す。

6.2　方法

概要

　筆者が提唱する TCU 完結可能点表示装置を聞き手が利用するなら、彼らが完結可能点、非完結可能点を決定する認知処理には、図 6.2 に示すように6 通りのパターンが仮定できる。「酒場ってのがあるのね」のように、潜在的完結可能点に後続する完結可能点表示装置を聞き手が認識して前完結可能点を確定する(1b)以外に、聞き手が予測した潜在的前完結可能点に後続する休止区間を知覚することで完結可能点が確定されること(1a)もあれば、「右側に行くと」のように潜在的前完結可能点に接続助詞（発話末要素以外の発

話要素)を認識して、非完結可能点を確定することもある。また、「魔術山の右にカモシカ」のように予め潜在的完結可能点が予測できず、後続する休止区間を知覚して初めて完結可能点を決定すること(1a)や「灯台のすぐ左ですよね」のように予め潜在的前完結可能点が予測できないにもかかわらず、後続する発話末要素を認識して完結可能点を決定すること(2b)もあれば、「魔術山の右に」では潜在的前完結可能点もなく格助詞(発話末要素以外の発話要素)を認識して非完結可能点を決定することもある。

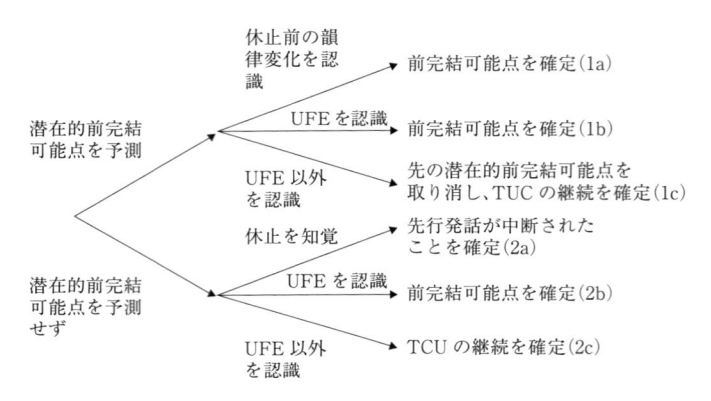

```
                    休止前の韻
                    律変化を認       前完結可能点を確定(1a)
                    識
潜在的前完結         UFE を認識      前完結可能点を確定(1b)
可能点を予測
                    UFE 以外         先の潜在的前完結可能点を
                    を認識           取り消し、TUC の継続を確定(1c)

                    休止を知覚       先行発話が中断された
                                     ことを確定(2a)
潜在的前完結         UFE を認識      前完結可能点を確定(2b)
可能点を予測
せず                 UFE 以外         TCU の継続を確定(2c)
                    を認識
```

図 6.2　完結可能点、非完結可能点の認知処理パターン
（UFE は utterance-final element の略称である）

　聞き手が TCU に対してこれらの認知処理を行うならば、以下の行動が予測される。ただし、非完結可能点では話者交替が生じず、聞き手の脳内の働きが行動として表出されないため、その認知メカニズムを証明することができない。従って、非完結可能点が出現するケースは本研究では取り扱わない。

1. 潜在的前完結可能点が出現するなら、聞き手はターンに前完結可能点が訪れる可能性があることを予測しているので、潜在的前完結可能点が前完結可能点((1a)の場合は、完結可能点)へ変化したことをいちはやく認識できる。従って、潜在的前完結可能点を予測していない場合に比べて反応がはやくなる。すなわち、(1a)(1b)はそれぞれ(2a)(2b)より反応がはやくなる。

2. 発話末要素が出現するなら、聞き手は前完結可能点を確定してただちに発話を開始できるので、先行発話が音声的に終了する遥か手前から次発話を開始できる。従って、休止区間が出現するまで反応できない(1a)や(2a)に比べると、(1b)(2b)は遥かに反応時間がはやくなる。
3. 潜在的前完結可能点による前完結可能点の出現を予測できれば完結可能点表示装置認識にかかる時間が短くてすむため、潜在的前完結可能点、発話末要素という2つの要因による反応のはやまりは加法的に働くと考えられる。従って、休止区間の開始時から測ると、潜在的前完結可能点・発話末要素が共に出現する(1b)での反応が最もはやく、次いで潜在的前完結可能点か発話末要素のどちらかが出現する(1a)(2b)がはやい。潜在的前完結可能点・発話末要素のどちらも出現しない(2a)で最も反応が遅くなると考えられる。

(1a)(2b)は共に(2a)よりも反応がはやいと予測されるが、(1a)と(2a)の違いは発話末要素の認識にかかる時間の差程度であり、僅差である。ところが、(2b)と(2a)の違いは休止区間の出現する遥か前から次発話を開始できるか休止区間が出現してからしか次発話を開始できないかの違いにより生じる時間差であり、大きな差となると予想される。従って、上記の予測が正しいなら、先行発話の終了点から聞き手の反応が開始されるまでの時間は(1b)>(2b)>(1a)>(2a)の順ではやくなるはずである。

また、発話末要素が出現する(1b)(2b)では、発話末要素の認識にかかる時間の差を差し引けば、発話末要素の認識とともに反応が開始されるはずなので、発話末要素開始位置より発話開始に要するタイムラグを挟んで一様に反応が開始されるなら、発話末要素の継続長にかかわらず、発話末要素開始地点から計測した反応時間の間に差は見られないはずである。

被験者
千葉大学大学生計27人

刺激に用いる談話資料

刺激に用いる音声刺激は、日本語地図課題対話コーパスから抽出する。合成音声や読み上げ音声では、会話の参与者たちが普段行っている話者交替のための認知的処理が行われない可能性があるためである。日本語地図課題対話コーパス中の 8 対話(計 67 分 59 秒)を資料として用いた。この資料には、ATR 式の音素境界ラベリングにより音韻継続時間、茶筌体系に基づく形態素情報を付与し、これを談話資料として用いる。この資料にはすでに、第 5 章で述べた発話単位の変更及びラベリングを施してある。発話の単位は TCU であり、発話末要素の出現した発話・出現しなかった発話というようにラベリングされている。

実験デザインと刺激

実験デザインは、予測(1)〜(3)を調べるため、ターン中の潜在的前完結可能点の有無(2 水準)×発話末要素の有無(2 水準)の 2 要因を被験者内配置とする。使用した刺激は、談話資料中に出現したターンのうち、表 6.1 の実験条件を満たすものである。なお、実験統制上、選出されるターンはすべて談話行為として働きかけの機能を担うものとする。以下詳細である。

表 6.1　ターン中の潜在的前完結可能点の有無×発話末要素の有無による実験刺激の配置（[ ] 内は略記のための呼称。UFE は utterance-final element の略称である）

	潜在的前完結可能点あり	潜在的前完結可能点なし
発話末要素なし	(1a)ターンの末尾が動詞［動詞］	(2a)ターンの末尾が名詞［名詞］
発話末要素あり	(1b)ターンの末尾が動詞＋発話末要素［動詞＋UFE］	(2b)ターンの末尾が名詞＋発話末要素［名詞＋UFE］

(1a) 潜在的前完結可能点をもつ動詞は存在するが完結可能点表示装置である発話末要素が出現しないもの(［動詞］と略記)である。実験統制のため出現する動詞はすべて自立動詞とする。刺激には「砦ってある」「えーと左下まで行く」「そしたら今度城壁のある町ってある」等の発話を用いた。

(1b) 潜在的前完結可能点をもつ動詞、完結可能点表示装置である発話末要素がともに出現するもの（[動詞+UFE] と略記）である。動詞はすべて自立動詞とする。刺激には「洞窟があります」「左側に水溜りがあります」「えーと右に曲がってください」等の発話を用いた。

(2a) 潜在的前完結点をもつ動詞が存在せず発話末要素も出現しないもの（[名詞] と略記）である。発話末はすべて一般名詞とする。刺激には、「あすぐ左上に洞窟」「えーとー魔術山の右にカモシカ」「沼があってその一番右側の位置のところ」等の発話を用いた。

(2b) 潜在的前完結可能点をもつ動詞は出現しないが、発話末要素が出現するもの（[名詞+UFE] と略記）である。発話末要素の直前が一般名詞であったTCUとする。刺激には「すぐ左です」「山の下ですね」「え灯台のすぐ左ですよね」等の発話を用いた。

各水準15発話計60発話を刺激として用意した。また、練習用にも各水準5発話計20発話を用意した。発話末要素としては、出現頻度の高い「です」「ます」を中心に刺激を選定した。なお、選定された発話末要素の継続時間は、245ms以上515ms以内とする。下限は、発話末要素の継続時間が短いと、発話末要素の出現に反応したのか休止区間の出現に反応したのかの弁別が困難になるため245msとする。上限は、発話末要素の継続時間の分布が515ms以上では少なくなるため515msとする。

手続き

- 各被験者の反応潜時を推定するため、1000ms〜8000msの時間長をもつホワイトノイズに100msの時間長をもつ2250hzのビープ音を付加した8パターンの刺激を被験者にランダムに呈示し、ビープ音の開始から被験者の反応が開始されるまでの時間を測定する。教示は、「ビープ音が鳴ったらできるだけはやくボタンを押してください」であり[2]、各被験者は8試行の練習を行った後、8パターン×各8回計64試行の実験を行う。所要時間は7分程度である。
- 潜在的前完結可能点の有無×発話末要素の有無の2要因各2水準を

満たす (1a) ［動詞］(1b)［動詞 +UFE］(2a)［名詞］(2b)［名詞 +UFE］の 4 パターンの刺激を被験者にランダムに呈示し、発話の開始から被験者の反応が開始されるまでの時間を測定する。教示は、「発話が終了すると思うところでできるだけはやくボタンを押してください」であり、各被験者は、20 試行の練習を行った後、各水準 15 発話計 60 発話に対する実験を行う。所要時間は 13 分程度である。

刺激の呈示には Cedrus 社 SuperLab Pro（Version 2.0）を用いた。

6.3 結果

各刺激に対する反応時間を調べ、以下の 2 つの方針から、誤反応であると認められた反応を分析から除外する。(1) 多くの被験者が刺激の休止区間開始時から 1000ms 以上手前で反応を開始していた 2 つの刺激については、誤反応を誘発する言い淀みが見られたため分析から除外する。(2) 各刺激における反応時間の分布から正規分布を大きく外れた反応を除外する。除外対象となったのは、刺激の音声的終了点から -3342ms 〜 -368ms の間で生じた反応で、115 反応である。この結果、分析の対象とされる試行は 58 刺激に対する 1432 反応である。

各被験者の反応潜時を推定するため、手続き (1) で測定したビープ音の開始からボタン押しまでに要した時間を被験者ごとに算出した。被験者たちの反応潜時の標準偏差は ± 36.76 であり、27 人の被験者中 18 人が 221.12 ± 36.76ms 以内に反応しており、聴覚刺激の認識からボタン押しという反応が実際に生じるまでに要する時間は被験者間でほぼ安定していた。

呈示されたターンに対する被験者の反応表出時間は刺激の終了時点から測定した反応時間を用いる。各被験者ごとに各水準における反応表出時間の中央値を分析に用いる。

各水準における全被験者の反応表出時間の平均を図示したものが図 6.3 である。平均値は (1a)［動詞］が 205.93ms、(1b)［動詞 +UFE］が 62.87ms、(2a)［名詞］が 273.96ms、(2b)［名詞 +UFE］が 77.87ms であった。潜在

的前完結可能点の有無×発話末要素の有無の2要因各2水準の経時測定分散分析を行ったところ、潜在的前完結可能点の有無による主効果は5%水準で有意であり(F(1, 26)=6.97)、発話末要素の有無による主効果は1%水準で有意であった(F=(1, 26)=325.37)。また、交互作用も見られた(F(1, 26)=10.69、p<.01)。発話末要素のない条件において0.1%水準で(1a)［動詞］と(2a)［名詞］間では潜在的前完結可能点の有無による単純主効果が認められ(p<.001)、(2a)［名詞］は(1a)［動詞］より反応が遅かった。一方、発話末要素のある条件((2a)［動詞+UFE］と(2b)［名詞+UFE］)における潜在的前完結可能点の有無による差は認められなかった。

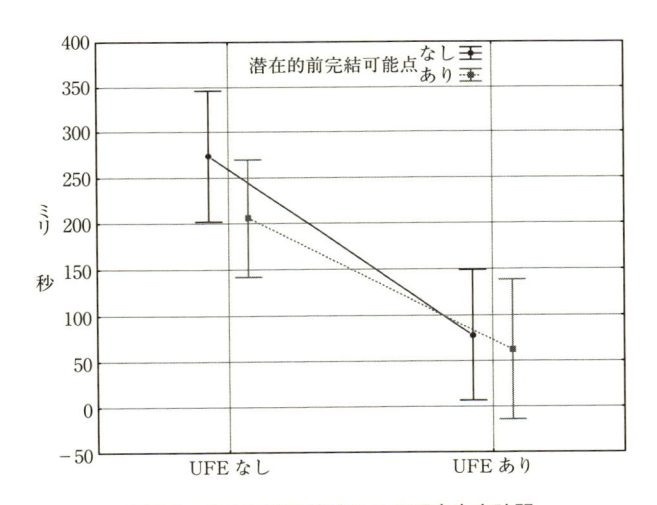

図6.3　休止区間開始時からの反応表出時間

予測(1)では、潜在的前完結可能点の有無によって反応時間は(1a)<(2a)、(1b)<(2b)となることが予測されたが、結果は、発話末要素のない条件でのみ予測通り(1a)<(2a)となった。予測(2)では、発話末要素の有無によって反応時間は(1b)<(1a)、(2b)<(2a)となることが予測されたが、結果は予測通りであった。予測(3)では、潜在的前完結可能点と発話末要素の2要因による反応のはやまりから反応時間は(1b)［動詞+UFE］<(1a)［動詞］<(2b)［名詞+UFE］<(2a)［名詞］と予測されたが、実際には(1b)［動詞

+UFE]＝(2b)［名詞+UFE］＜(1a)［動詞］＜(2a)［名詞］となり、発話末要素のある条件では、潜在的前完結可能点の有無による反応の前傾は見られなかった。

6.4 考察

潜在的前完結可能点の有無による反応のはやさの違い

発話末要素のない条件でのみ予測1を指示する結果、(1a)＞(2a)となった。潜在的前完結可能点・発話末要素とも存在しない(2a)［名詞］では、反応が表出されるのは発話終了後約270msもの休止区間を隔てた後であり、反応開始の推定時間は休止区間出現後約50ms後である。この結果は、名詞で発話が終了した場合、聞き手はTCUの終了を潜在的前完結可能点の出現によって事前に予測したり、発話末要素によって決定したりできないので、休止区間を知覚して初めて反応していることを表していると考えられる。

　発話末要素は存在しないが潜在的前完結可能点は出現する(1a)［動詞］では、反応表出が(2a)［名詞］より70ms程度はやい。反応開始推定時間は休止区間が出現する15ms手前である。潜在的前完結可能点への予測を利用するなら休止区間を知覚する前に動詞の韻律変化によって休止区間の出現を予測して反応を開始できると考えられる。一般に、発話末2モーラ程度では話速が遅くなることが指摘されており（Campbell, 1992）、この韻律変化を利用するなら休止区間の出現を予測することは可能となるであろう。とはいえ、この発話末尾の韻律を利用したのでは、次発話開始は先行ターン終了後200msもの休止区間を挟むことになる。これは円滑な話者交替とは言いがたい。これまで、英語話者の会話を通じて言われてきたような、発話頭からの投射を利用して完結可能点を予測するやり方では、日本語話者が実際に行っている話者交替を説明できないことが検証された。円滑なタイミングで話者交替を行うためには、本研究で提唱する発話末要素による完結可能点の投射を用いなければならない。

　この投射が利用可能になる発話末要素のある条件(1b)［動詞+UFE］、

(2b)［名詞+UFE］では、潜在的前完結可能点の有無による反応時間の差はなく、先行ターン終了後100msを大きく切るタイミングで反応が表出されている。この結果は、予測3に反するもので、潜在的前完結可能点への予測と完結可能点表示装置の出現は加法的に次ターンの開始をはやめるものではないことがわかった。潜在的前完結可能点への予測の有無にかかわらず完結可能点表示装置を認識するなら聞き手は適切なタイミングで次ターンを開始できるのだといえる。すなわち、完結可能点の認知にとって、前方からの予測は必要なく、発話末要素をトリガーとして前完結可能点を認識すれば十分であることが明らかになった。

発話末要素の有無による反応のはやさの違い

予測2の通り、潜在的前完結可能点の有無にかかわらず、発話末要素がある条件は発話末要素のない条件よりも反応が極めてはやくなっていた。発話末要素のない(1a)［動詞］、(2a)［名詞］では、休止区間の開始時から反応までに200ms以上かかっているのに対し、発話末要素のある(1b)［動詞+UFE］、(2b)［名詞+UFE］ではともに80ms以内に反応が表出されている。日本語地図課題コーパスから概算すると、円滑な話者交替では異なる話者のターン間の時間的隔たりは約1モーラ（70〜80ms）程度である。英語においての話者交替においても無標な位置での交替は100ms程度であることは第2章において述べた。発話末要素のある条件に対する被験者の反応は、実際の円滑な会話状況における聞き手の次ターン開始時間とほぼ同じタイミングで反応しているといえる。反応開始推定時間は、(1b)［動詞+UFE］、(2b)［名詞+UFE］ともに休止区間が出現する100ms以上手前である。この結果は、聞き手が発話末要素を認識するならばただちに反応を開始していることを示している。

ただし、発話末要素がある条件での発話末要素の開始地点から反応の表出までに要した時間（各被験者の各刺激に対する（反応表出時間－（刺激長－発話末要素長））の平均）（図6.4の(1)）を算出すると、(1b)［動詞+UFE］で384.54ms、(2b)［名詞+UFE］で406.67msであった。反応潜時が

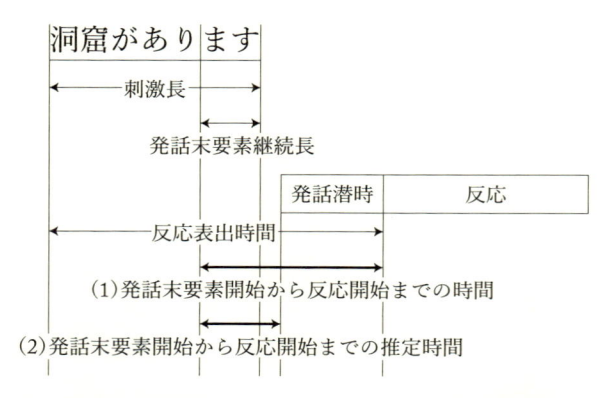

```
        洞窟があります
    |←――刺激長――→|
              |←発話末要素継続長→|
                          |発話潜時|  反応  |
    |←――――反応表出時間――――→|
    (1) 発話末要素開始から反応開始までの時間
    |←――――――――――→|
    (2) 発話末要素開始から反応開始までの推定時間
```

図 6.4　発話末要素開始地点からの反応表出時間・反応開始推定時間

221.12±36.76ms であるとするなら、発話末要素が開始されてから反応が開始されるまでの推定時間(各被験者の各刺激に対する((反応表出時間 − 反応潜時)−(刺激長 − 発話末要素長))の平均)(図 6.4 の(2))は、発話末要素の開始から(1b)［動詞 +UFE］で 218.65ms 後、(2b)［名詞 +UFE］で 216.13ms 後と推定できる。休止が出現して初めて反応を開始できる(2a)［名詞］の平均反応表出時間が 273.96ms であり、発話潜時を差し引くと休止出現後 50ms 程度で反応を開始しているのに比べると随分遅くなる。この遅れは、休止区間の知覚と発話末要素の認識にかかる所要時間の違いを反映していると考えられる。

　聞き手が発話末要素を認識すると共に反応を開始している証拠は、発話末要素の継続長に応じた反応時間の差は見られないことからも見て取れる。図 6.5 は最も発話末要素の継続長が短い約 270ms の「ます」に対する全被験者の反応表出時間のヒストグラムであり、平均反応表出時間は 396ms である。図 6.6 は最も発話末要素の継続長が長い約 470ms の「ます」に対する全被験者の反応表出時間のヒストグラムであり、平均反応表出時間は 400ms である)[3]。

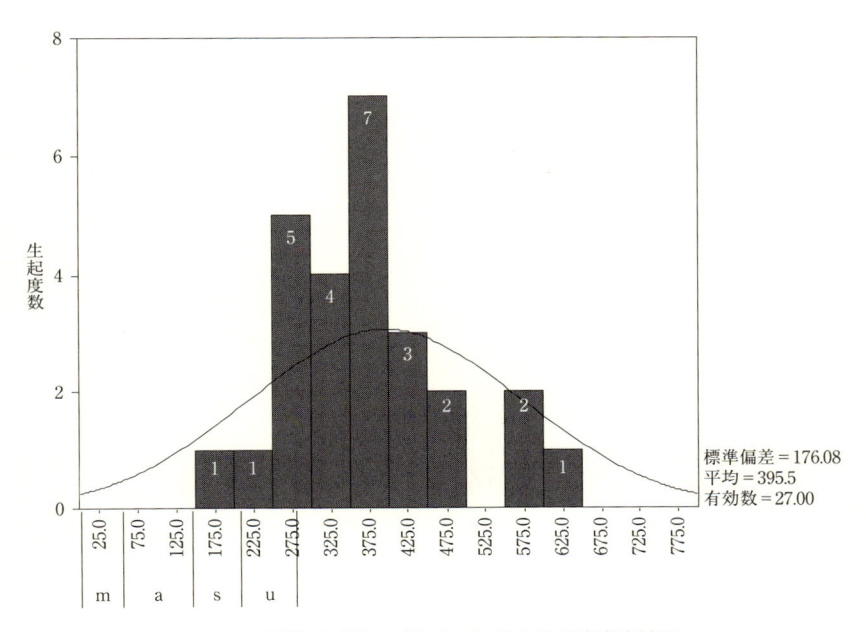

図 6.5 刺激長が短い「ます」に対する反応表出時間

標準偏差 = 176.08
平均 = 395.5
有効数 = 27.00

　両者の反応表出時間に差はない（t(25)=0.051、n.s.）。従って、短い「ます」ではほとんどの反応が「ます」という音声の終了後に生じているのに対し、長い「ます」ではほとんどの反応が［s］ないし［u］の途中に生じている。これは、聞き手たちが次ターンを開始するのに「ます」の音声的終了点を気にすることなく、「ます」の認識と共に反応を開始していることを表している。発話末要素頭からの反応開始推定時間を見ても、短い「ます」で平均175msかかり、長い「ます」でも平均178.6msかかっている。両者に差はなく（t(25)=0.064、n.s.）、「ます」の「ま」の直後にほとんどの被験者が反応を開始している。

　同様のことが、「です」についても観察できる。実験に使用した最も発話末要素の長さが短い約240msの「です」（平均反応表出時間423.7ms）と、最も長い約370msの「です」（反応表出時間417.3ms）では発話末要素頭から測った反応表出時間に差は見られない（t(25)=0.932、n.s.）。また、発話末要

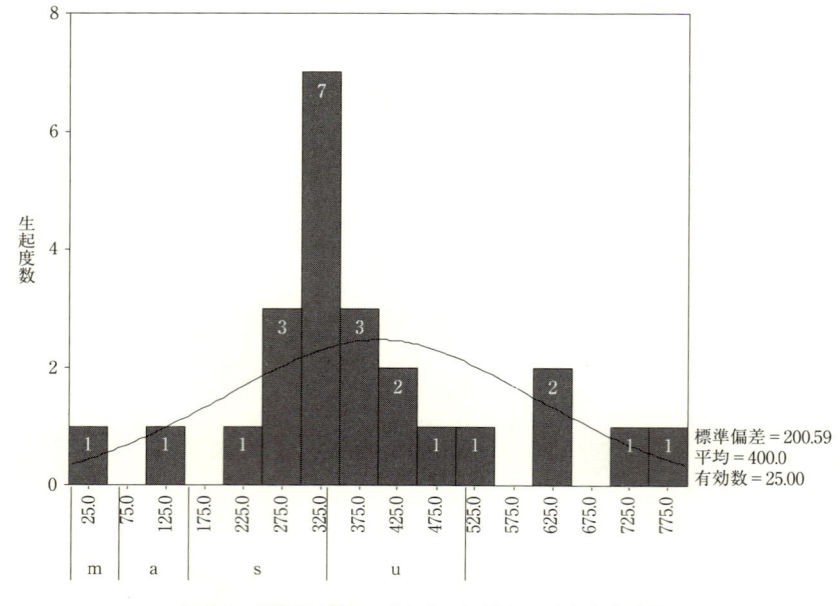

図 6.6　刺激長が長い「ます」に対する反応表出時間

素頭から測った反応開始推定時間も短い「です」で平均 196.96ms、長い「です」で平均 203.26ms であり両者に差はない ((27)=6.30、n.s.)。話者交替において「です」が出現した場合その長さにかかわらず、「です」が認識された瞬間に次発話が開始されることを示している。

ただし、「です」に終助詞「か」「ね」「よね」が付属する刺激[4]に対する反応表出時間は、「です」で終了する場合に比べて遅くなる。最も典型的な例が図 6.7 である。この例の「ですか」の長さは 439ms であり、発話末要素長の長さは近いが「です」(397ms) でターンが終了するケースと比べても明らかな差が見られる ($t(25)=6.214$、$p<.001$)。この結果から「です」に終助詞が付属する発話と付属しない発話が終助詞や無音区間が出現する前に弁別されていることが伺える。弁別を可能にする要因として、(1a)[動詞]で、休止区間を知覚する前に被験者が反応しているのと同様、韻律変化や発話末の話速の変化が考えられる。「です」に終助詞が付属した場合、「です」部分

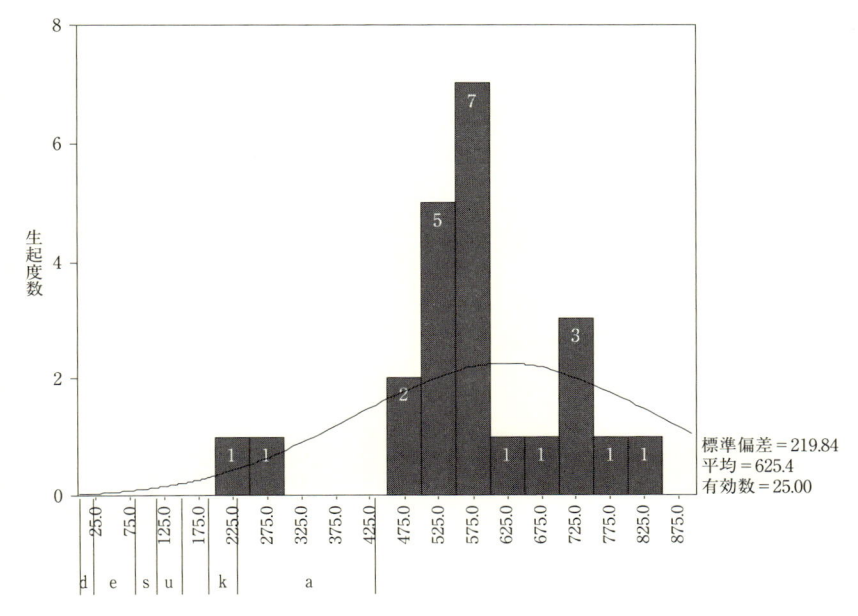

図 6.7 「ですか」に対する反応表出時間

のピッチ下降の傾斜は緩やかになり、話速の低下も後傾する。このような変化を聞き手は「です」の [de] や「ます」の [ma] が開始された段階で認識し、「ですから」「ですので」などのように接続助詞が発話末要素のさらに後ろに付属してターンが拡張されれば、次ターンの開始を見合わせ、もし終助詞が付属しターンが終了したことが判明すれば次ターンを開始すると考えられる。この例でも反応開始推定時間は 25 人中 24 人が「ですか」の「か」以降であった。

このように発話末要素を認識して反応を開始するためには、音素の識別や韻律変化の知覚など様々な認知処理が必要となる。従って、休止区間を認識するよりもはるかに長い時間がかかるといえる。

6.5 まとめ

本研究では、実験を通して、日本語の会話において TCU 完結可能点の認識を聞き手がどのような認知メカニズムによって行っているかを明らかにした。

1. 聞き手は格要素等による投射から潜在的前完結可能点を予測するだけでは円滑なタイミングで次発話を開始できない。
2. 聞き手は完結可能点を確定させる発話末要素が表れると、これを発動点として次発話を開始する。

発話末要素による完結可能点の表示は決定的であり、聞き手は、発話末要素を認識するやいなや次ターンを開始する。すると実際の会話におけるターン移行時間と同様極めて短時間での話者交替が可能になる。ところが、発話末要素が出現しなかった場合、ターン末への予測があったとしても最終的には発話末音調が現れるまで次ターンを開始できない。従って、話者交替までに 200ms 以上の長いポーズを挟むことになる。ましてやターン末への予測がなければ、発話末音調すら認識できないため、話者交替にはさらに長くの時間を要することになる。

これまで、話者交替は会話の観察を通して研究が進められ、多くの知見をもたらしてくれた。自然観察研究を通じて、会話データ中に生じた顕著なインタラクション(例えば発話末要素への無標な重複など)を観察し、そのインタラクションを運用するためのリソースが記述されてきた。しかし、会話の観察からは、偶然取り上げられた会話のとある連鎖状に複数の文脈から構成される現象しか扱えない。参与者のパーソナリティや社会的地位といった個人的属性・会話への集中力／関わり方・会話の直前や会話中に起こった外的環境の変化といった条件を統制することは困難である。また、話者交替に影響を与える複数の要因が交絡していた場合、そこで生じたインタラクションが研究者が問題として取り上げている要因によって生じたのか、他の混入し

てしまった要因(文脈や談話行為の種類による影響)によって生じたのかを弁別することができないからである。これらの条件が未統制であると、理論や仮説の検証は不可能である。本研究で取り上げたような、「発話末要素の出現を発動点として次発話を開始する」という行動も、単純に会話を観察しただけでは検証不可能である。日本語地図課題対話8対話の全データを対象にすると、発話末要素の有無によって話者交替間の無音区間時間長に変化がなく、特に発話末要素への重複においてのみ無標の重複が観察されるわけではない。多くの場合、働きかけ発話に対する応答内容が肯定か否定といった談話行為上の優先性[5]という文脈要因が混入するためである。

本研究では、

1. 複数の被験者を用意し、これらの被験者に話し手の個人的属性を知らせず、短時間で達成可能な課題を一定手順で達成できるようにし、また静かな実験室で外的環境の影響を抑制することで、個人的属性効果や外的効果を均衡化・除去した。
2. 刺激として用いた発話はすべて、単独の働きかけ発話であり、一発話のみ呈示することで文脈による影響を排除した。また、自立動詞や一般名詞に統一することで品詞によって予測可能性に差がでる可能性を排除した。
3. 差異法[6]による実験統制を用いることで、潜在的前完結可能点・発話末要素の2つの異なる要因によって引き起こされる行動を明らかにした。

これらの統制及び実験デザインにより、本研究で提唱した話者交替に関わる認知処理モデルを検証した。

　もちろん、このような実験的統制によって排除された複数の要因が相補的に話者交替の認知的処理に利用されている可能性は十分ある。しかし、これまで話者交替に関わる認知的メカニズムを扱った研究はなく、どの要因が話者交替にどのように関わっているかは皆目わかっていなかった。本研究は、少なくとも統語的要因である潜在的前完結可能点や発話末要素が認知処理にどのように関わっているかを明らかにし、話者交替に関わる認知メカニズム

の一端を検証した、という点に意義がある。

注

1 これは文脈情報を加味しない場合について述べるものである。応答位置での発話など、文脈情報を加味すれば最終要素を予測することも十分可能になることがある。
2 完結可能点表示装置が出現したら前完結可能点を確定するという認知処理に近似させるため、「ビープ音」の出現を反応開始の合図とした。
3 発話末要素の開始以前に反応が開始されている誤反応とみなされるデータ（反応表出時間が負のもの）を分析から除外したため、自由度は刺激によって異なる。ただし、発話末要素開始以降に反応が開始されたものについては全データを含めているため、反応がはやすぎるもの、遅すぎるものというはずれ値が存在する。これらを除外するなら分布曲線はさらに尖度を増すであろう。
4 「ます」に終助詞が付属する刺激を今回は用いていない。
5 肯定の発話は次ターンの開始をはやめ、否定の発話は次ターンの開始を遅らせる。このため、先行発話に発話末要素があったとしても、否定的な発言を行う場合には、次ターンは十分な間をとって開始される。
6 ある行動Xは実験条件ABにおいて現れるが、統制条件Bにおいて現れないなら、Xが現れるための必要条件は条件Aである、という論理関係に基づき因果関係を検討する実験的手法の1つ。

第7章　多人数会話における次話者選択

7.1　はじめに

　会話の成員には、話し手・聞き手以外にもさまざまな役割がある。Goffman(1981)やClark(1994)は、会話の参与者を、会話に参加していることが他の成員によって知られている、承認された参与者(ratified participant)と立ち聞き者(overhearer)に分け、前者をさらに、話し手(speaker)・受け手(addressee)・傍参与者(side-participant)に分けている。受け手とは、話し手によって発話の矛先を向けられていて、何らかの応答を期待されている参与者であり、それ以外が傍参与者である。傍参与者は当面の会話で発話を行ったり、応答を期待されたりしているわけではないが、いつ何時でも会話に加わることが許されている。たとえば、テレビ番組でキャスターがゲストにインタビューしているとき、横にいるアシスタントは傍参与者である。日常会話では、これらの参与役割が刻一刻と交替する。

　参与役割の交替は、話者交替のタイミングと同時に生じる。Sacks et al.(1974)の話者交替規則によれば、話し手は、TCUによって話しているので、この単位の完結可能点を投射することによって、話し手以外の参与者はまさに現行のターンの終了と同時に次の話し手となることができる。2人の参与者からなる対話の場合、話し手・次話者といった役割は、TCU末でそれぞれの参与者が入れ替わることで、スムーズに配置される。次の話し手は現在の話し手のTCUの完結可能点さえ予測すれば、そこで話し始めることができる。

ところが、3人以上の参与者からなる多人数会話の場合、誰が次の話し手になるのか、誰が次も話し手にならないのかなど、参与役割の配置のバリエーションは参与者の人数の増加に対して組み合わせ的に増加する。にもかかわらず、完結可能点が訪れた瞬間、他の参与者が全員話し出したり、全員が傍参与者になって沈黙が訪れたりするようなことはめったに起こらない。会話の参与者は、現在のTCUがどこで終わるかという予測を行っているばかりではなく、誰が次の話し手になるのかという次話者の選択もTCUごとに行っていることになる。

　3人以上の参与者がいる場面を考えたとき、Sacks et al.(1974)が次話者選択手段の1つとして挙げている隣接ペア第一部分の中で有効なのは、呼びかけくらいである。その他の第一部分は、現在の話し手が次には話し手でなくなり、他の誰かが話し始めるということは予測させるが、誰が次の話し手になるかを決定する力はない。この点に関して、共有知識への言及や談話標識などが次話者選択手段として利用されること(高梨、2002)や、あいづち・同意といった支持発話が受け手自己選択手段となり、ひいては次話者の選択に利用されること(伝、2003)が指摘されている。しかし、参与役割を決定づける要因として、視線や身体の向きによる影響が大きいことが古くから指摘されている。Duncan(1972)、Kendon(1967)、Duncan & Fiske(1977)は、視線や身振りによって話者交替が調整されることを示している。

　本章では、多人数会話における参与役割の選択に関わる要因として視線を取り上げ、参与者の役割ごとに視線の向けられる方向を分析し、視線がどのように役割交替に影響しているかを検討する。

視線による参与役割の調整

社会心理学の分野では、Duncan(1972)が提案した話者交替を調整するための枠組み(表7.1)が広く受け入れられている。Kendon(1967)による視線の役割の検討は、この枠組みを用いて以下のように解釈できる。すなわち、話し手の順番委譲手がかりとして聞き手への凝視があり、聞き手がそれを受け入れると、話者状態信号として視線を逸らす。隣接ペア第一部分の終端部で話

し手が頭を上げたり、相手のほうに頭を向けるといった動作が起こると、これを受けた第二部分の開始では頭を相手から遠ざけるという Thomas & Bull (1981) の実験結果はこの説を裏付ける。

表7.1 話者交替に関わる信号（Duncan, 1972）

順番委譲手がかり（turn-yielding cues）	他者にターンを譲るための信号
制止企画信号（attempt-suppressing signals）	話し手が話し続けるために聞き手を制止する信号
支持回路（back-channels）	聞き手が話し手の会話を聞き続けようとする信号
順番維持信号（within-turn signals）	聞き手に適切な支持回路の箇所を指示するための信号
話者状態信号（speaker-state signals）	聞き手が話者交替意図を表すための信号

しかし、支持回路が起こる場合には決まって話し手は聞き手へ頭を向けるという相反する実験結果も得られている（Duncan & Fiske, 1977）。この結果をもとに、頭を聞き手のほうへまわすという動作は、相手に支持回路を求める順番維持信号であるという解釈がなされている。また、Rutter (1978) の研究では、発話の終了部でこれといった視線交差が見られていないことから、Kendon (1967) の説への疑問を投げかけている。

これらの結果は混迷を極めており、参与役割の交替に寄与する視線や頭の向きの使われ方に一貫性がないかのような印象を与える。さらに疑いを深くするならば、話し手の視線や頭の向きが無秩序に彷徨っているにもかかわらず、たまたま発話末での変化に着目したがゆえに、そこで受け手が話者状態信号を発したとか、支持回路を発したとかの偶然によって結果が左右されているのではないか、とも考えられる。

これらの研究の大きな問題は分析単位の選定である。参与役割の交替（話者交替）における非言語行動の影響を見るのであれば、まず潜在的に話者交替が生じうる位置を同定し、そこで生じた（あるいは生じなかった）行動を分析すべきである。このような位置（TRP）で、視線や頭部方向を変える行動

が一貫して観測されるかどうかはいまだ明らかでない。そこで、本研究では、TRP 付近での非言語行動に着目し、各参与者の視線配分を検討することで、そこで生じる役割交替の型ごとに視線の向きに一貫性があるかどうかを調べる。これを通じて、非言語行動が次話者選択手段として機能しうるかどうかを検討する。

7.2 方法

多人数会話データの収録

実験参加者

親近性のある同性の 3 人組(女性 1 組計 3 人)

手続き

1. 収録は学生ラウンジに簡易収録設備を設営して行った。実験参加者は長円形のテーブルに向かって、ほぼ正三角形の頂点に位置する席についた(図 7.1、図 7.2 参照)。
2. 会話は 10 分ずつ 3 セッション行い、各セッションの開始前に実験参加者

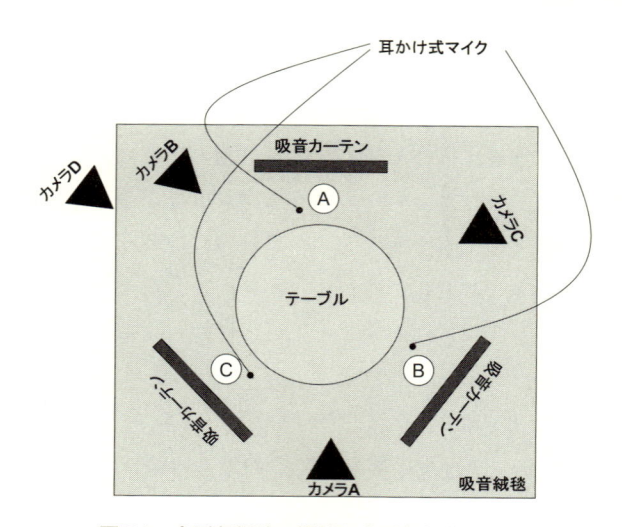

図 7.1　会話収録時の機材と会話参加者の配置

第 7 章　多人数会話における次話者選択　127

図 7.2　収録前の様子

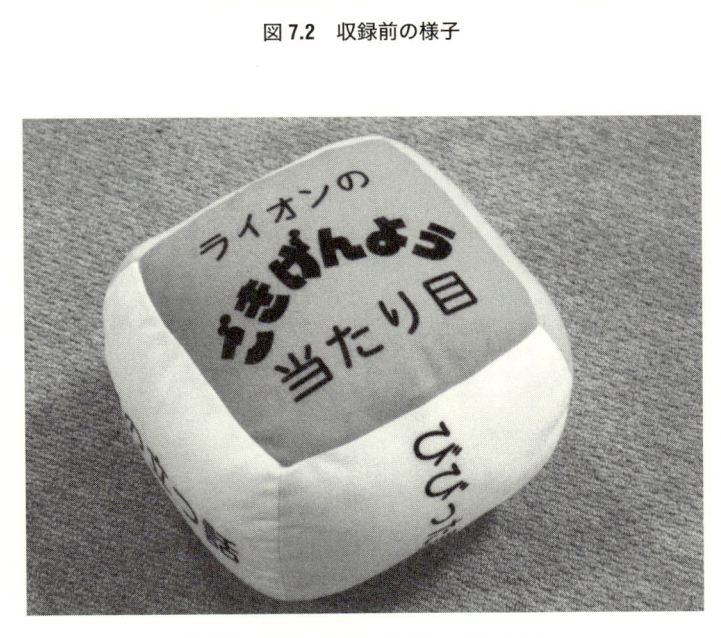

図 7.3　会話の収録に使用したサイコロ

図 7.4　収録に用いた機材

の一人がサイコロ(図 7.3 を参照)を振って話題を決定した。サイコロに書かれた話題は、「情けない話」「恋の話」「びっくりした話」「腹の立つ話」「びびった話」などである。
3. 会話の途中で話題から外れてもかまわない。
4. 開始と終了は実験者が合図した。
音声・映像の記録
各参与者の音声は、単一指向性接話型マイクロフォン(Sennheiser MKE104)を通じて、マルチトラックハードディスクレコーダ(TASCAM MX-2424)に録音した。また、各自上半身と円座全体の映像を 4 台のデジタルハンディカム(SONY DCR-VX2000)で録画すると同時に、画面分割機を通して合成した画面とミキサーでステレオ化した音声を DV カムコーダ(SONY DSR-

1500A）で記録した。図7.4 はこれらの機材を写したものである。音声と映像はタイムコードで映像フレーム（29.97 フレーム／秒）ごとに同期した。ハンディカムは民生機で外部同期できないので、4台のハンディカム相互とDVカムコーダとを手動で同期するため、各セッションの冒頭にデジカメのストロボ発光を記録した。予備実験から、各ハンディカムの間に10分間で1フレーム以上のずれが生じないことを確かめた。すべての音声・映像データは計算機上にデジタル転送した。映像ファイル（avi形式）のサイズの上限により、各セッションは9分26秒までファイル化した。

転記

各参与者の音声ファイルから、音声波形とスペクトル情報をもとに、各発話区間の開始・終了時間を付与した。発話区間の音声的内容を転記すると同時に、TCU及びあいづちの認定を行った。TCU末の時間情報を付与し、転記テキストをTCUごとに分割した。

非言語行動のタグ付け

各参与者上半身の映像ファイルから、フレームごとに以下のタグを付与した。タグ付けには、'The MUMIM Multimodal coding schema' プロジェクトによって作成されたビデオアノテーションツールである Anvil 4.0 を用いた（図7.5 参照）。

視線

各参与者の視線がどの参与者の方向を向いていたか。まばたきの前後で向きに変化が生じる場合、まばたきの先頭フレームを先行する視線区間の終了地点とし、最終フレームを後続する視線区間の開始地点とした。まばたきの前後で向きに変化がない場合、まばたきの区間も視線区間に含めた。

頭の向き

各参与者の頭の向きがどの参与者の方向を向いていたか。開始地点・終了地点ともに、頭の位置が変化する1フレーム前に設定した。

　これらの非言語行動については、同じ参与者の方向を向いている連続した区間を一つの行動単位とした。

図 7.5 アノテーションに用いた映像ファイルとアノテーションの例

参与役割の認定

記録された会話データから、談話の各時点における受け手と傍参与者の区別を知るのは困難であり、現時点ではこれらの参与役割を客観的に認定する方法はない。そこで、本研究では、客観的に判断可能な以下の役割を認定した。

現話者

現行の TCU を発話している者

次話者

現行の TCU の次の TCU を発話している者

非話者

現行の TCU も次の TCU も発話していない者

参与役割の交替に関する定義

各ターンの生じた時間的関係に基づき、役割交替の型を以下のように定義する。

- ターン移行型無音区間もしくは 200ms 以内の重複を伴って話者が交替
- ターン継続型他の参与者のあいづちなどによって 500ms 以内の短い音声重複を生じるが現話者が発話を継続

なお、複数の話者の同時開始や同時終了、同時開始かつ同時終了といった発話は、話者の移行に関していずれが次話者か非話者かを判断しかねるためデータから除外した。

7.3 結果

基礎統計量

　会話中に生じた言語行動として TCU とあいづちを、非言語行動として視線と頭部方向の変化を取り上げる。各会話セッションにおいて、被験者ごとに観測されたこれらの行動単位の生起頻度は表 7.2 のとおりである。

　また、各行動の生起頻度に関する相関は表 7.3 のようになった。言語行動内では、TCU とあいづちの生起頻度に有意な負の相関があることがわかる。TCU を多く発する被験者はあいづちをあまり発しない。言語行動と非言語行動にまたがる関係では、TCU と視線の間に有意な正の相関が見られた。TCU を多く発する被験者は視線行動も多くなることを表している。頭部方向は、いずれの行動とも相関していなかった。以下の分析では、頭部行動については考えないことにする。

表 7.2　言語・非言語行動の生起頻度

セッション	被験者	TCU	あいづち	視線	頭部方向
1	A	93	1	100	24
1	B	76	30	109	74
1	C	22	27	79	45
2	A	72	7	97	50
2	B	54	28	114	71
2	C	20	30	46	32
3	A	72	9	99	37
3	B	37	24	68	35
3	C	72	19	79	60

表 7.3　各行動単位の生起頻度の相関(* は 5% 水準で有意)

	あいづち	視線	頭部方向
TCU	-.694*	.709*	.155
あいづち		-.313	.480
視線			.523

話者交替型の生起頻度

　表 7.2 の TCU のうち、言い差しや割り込みなどによって中断されたものを除いて、それぞれの TCU に後続する TCU が誰によって発話されたものかを集計した(表 7.4)。これらは話者交替規則が適用された箇所(TRP)と考えることができる。なお、以降のデータにおいて、後続発話があいづちの場合は含まれていない。

TCU 末付近における視線行動

　次に、TCU 末において話者交替が円滑に生じうる区間(Transition Safety Zone、TSZ と略す)に生じた視線行動を分析する。TCU の完結可能点は音声区間の終了点から約 300ms ほど前にあり、これ以降に次話者が重複して

表 7.4 話者交替型の生起頻度

現話者	TRP総数	次話者			話者交替型	
		A	B	C	交替	継続
A	219	114	27	28	55	114
B	148	25	58	22	47	58
C	110	21	11	28	32	28

も問題とならないという研究(榎本、2003、本書第5章)から、TCU末の300ms前をTSZの開始地点とする。また、Jefferson(1989)は、ターン終了後、1秒程度は誰も次のターンを開始しなくてもトラブルを引き起こさないとしている。そこで、TSZの終了地点をTCU末より1000ms後とする。

TSZにおける視線行動の生起頻度を表7.5に示す。表中で、「Pが」の列に単にQとあるのは、Pがその区間中Qを見続けていたことを示し、「Q→R」とあるのは、Pがその区間中まずQを見て、途中でRに目を移したことを示す。ただし、「X→R」は、誰も見ていない状態からRを見始めたことを、「Q→X」はQを見ていたが目を逸らし、誰も見なくなることを示す。

話者交替時には、現話者が次話者をTSZ中見続けている場合が最も多く、次話者は現話者をTSZ中見続けているか、現話者を見ていた視線を逸らす場合が多い。非話者は現話者を見続けるか、次話者を見続けるか、あるいは現話者から次話者に視線を移すかのいずれかである。話者継続時には、現話者は非話者を見続けているか、非話者を見ていた視線を逸らすかのいずれかであり、非話者は現話者を見続ける場合が圧倒的に多かった。

TCU末付近における視線交差

TCU末付近において、話者交替／継続時に、現話者が次話者／非話者を見、次話者／非話者が現話者を見ているなら視線交差が生じるはずである。そこで、TSZで生じた視線交差の生起頻度を集計した(表7.6)。この表は、誰の視線に誰の視線が合うことによって視線交差が生じたかということとそ

表 7.5　TSZ における視線行動

話者交替時

現話者が	頻度	次話者が	頻度	非話者が	頻度
次話者	53	現話者	37	現話者	27
X→次話者	7	X→現話者	4	X→現話者	1
次話者→X	8	現話者→X	23	現話者→X	6
次話者→非話者	8	現話者→非話者	7	現話者→次話者	24
非話者	11	非話者	8	次話者	27
X→非話者	3	X→非話者	1	X→次話者	6
非話者→X	7	非話者→X	3	次話者→X	2
非話者→次話者	0	非話者→現話者	1	次話者→現話者	1
誰も見ない	9	誰も見ない	22	誰も見ない	12

話者継続時

現話者が	頻度	非話者が	頻度
非話者	80	現話者	230
X→非話者	17	X→現話者	23
非話者→X	64	現話者→X	45
誰も見ない	25	非話者	16
		X→非話者	0
		非話者→X	0
		誰も見ない	43

の頻度、及び、その際の(1)TCU 末から視線交差開始までの時間的隔たり、(2)TCU 末から視線交差終了までの時間的隔たり、(3)後続 TCU の開始から視線交差終了までの時間的隔たりのそれぞれの平均値を示している。

　TSZ において話者交替時に現話者と次話者の視線交差が多く見られた。TCU 末と視線交差開始の時間差は、現話者が先に次話者を見ていた場合 –2.77 秒、次話者が先に現話者を見ていた場合 –2.18 秒であり、いずれも現行ターンが終了する前に視線が交わされている。また、TCU 末と視線交差終了の時間差はそれぞれ、1.33 秒、1.92 秒で、次 TCU 開始と視線交差終了

表 7.6 TSZ における視線交差の生起頻度とその生起位置の平均値（単位は秒）

話者交替時

誰に	誰が	頻度	開始—TCU 末	終了—TCU 末	終了—次 TCU 頭
現話者	次話者	31	-2.77	1.33	0.98
現話者	非話者	13	-2.55	0.77	0.39
次話者	現話者	36	-2.18	1.92	1.68
次話者	非話者	4	-1.29	2.34	1.86
非話者	現話者	15	-1.44	0.70	0.45
非話者	次話者	1	0.81	1.58	1.65

話者継続時

誰に	誰が	頻度	開始—TCU 末	終了—TCU 末	終了—次 TCU 頭
現話者	非話者	53	-2.07	2.01	1.61
非話者	現話者	87	-1.84	1.56	1.14

の時間差はそれぞれ、0.98 秒、1.68 秒であることから、視線交差の終了は次 TCU 開始の直後であり、平均的にいって、「視線交差の開始→現行ターンの終了→次ターンの開始→視線交差の終了」の順で起こっていることを示している。同様の観察が話者継続時にも見られた。

視線行動と話者交替

　現話者の視線行動の有無によって参与役割の交替が円滑になるかどうかを調べるため、TSZ 内で次 TCU が開始されている場合を対象として、話者交替型（交替 vs. 継続）とその TSZ における現話者の視線行動の有無を独立変数、その TSZ における現行 TCU と次 TCU の間の休止時間長を従属変数とする 2 要因分散分析を行った。各条件における平均値を表 7.7 に示す（括弧内は標準偏差）。分析の結果、話者交替型の主効果のみ有意であり（$F(1, 329)=8.786$, $p<.01$）、視線行動の有無の主効果や交互作用は有意でなかった。

表 7.7 現話者の視線行動の有無による話者交替時の休止時間長（単位は秒）

話者交替型	視線行動	N	休止時間長
交替	あり	123	.298(.319)
	なし	11	.248(.427)
継続	あり	173	.406(.299)
	なし	26	.490(.311)

表 7.8 視線交差の有無による話者交替時の休止時間長（単位は秒）

話者交替型	視線交差	N	休止時間長
交替	あり	98	.291(.313)
	なし	36	.301(.369)
継続	あり	147	.402(.294)
	なし	53	.451(.322)

　さらに、視線交差の有無によって参与役割の交替が円滑になるかどうかを調べるため、TSZ 内で次 TCU が開始されている場合を対象として、話者交替型（交替 vs. 継続）とその TSZ における視線交差の有無を独立変数、その TSZ における現行 TCU と次 TCU の間の休止時間長を従属変数とする 2 要因分散分析を行った。各条件における平均値を表 7.8 に示す。分析の結果、話者交替型の主効果のみ有意であり（$F(1, 330)=10.948$、$p<.001$）、視線交差の有無の主効果や交互作用は有意でなかった。

7.4　考察

　7.3 節での分析から、TCU 末付近における視線の向きとしてある傾向が浮かび上がった。現話者は次話者を見ていることが多く、次話者・非話者は話し手を見ていることが多い。また、表 7.6 から、現話者は次話者と、現ターンが終了する前に視線を交差させることが多いことがわかる。ここから、(1)他の参与者がみんな現話者を見つめているときに、現話者がどちら

かの参与者を見たら、その参与者が次話者になる、もしくは、(2)現話者がある参与者を見つめているときに、その参与者が現話者を見たら、その参与者が次話者になると考えられる。

(1)のケースは Sacks et al.(1974)によって言われているとおり、現話者による次話者選択テクニックの第一段階(1人の聞き手を addressee として選ぶ)がなされたため、その addressee が次話者になったものと解釈できる。ところが、(2)のケースはの addressee がたとえ選ばれていたとしても、その聞き手が話し手を見なければ次話者にはならないことを示している。すなわち、次話者という参与役割を配置するにあたっては、話し手の視線行動だけではなく、次話者の視線行動も必要であり、現話者も次話者に見られている必要がある、と結論できる。表 7.5 を見れば、非話者に特徴的な行動として TSZ で現話者から次話者へ見返るという視線配布のパターンがある。これは、もし話し手に見られている聞き手であっても、TSZ において話し手を見返さなければ次話者になることを回避できることの証拠である。現話者による次話者選択テクニックが実行するために、現話者はある聞き手を addressee として選ぶだけでは不十分であり、次のステップ隣接対第一部分の使用が必要となる。しかし、日本語においては多くの場合発話末尾でしか疑問形──「ですか」「ますか」「あるよね」などが出現しないため、これらの形が出現する前に、address されている聞き手が視線を逸らせてしまえば、現話者は次話者選択テクニックの必要条件である addressee をロストする。従って、隣接ペア第一部分を使用したとしても次話者が選べるわけではない。次話者選択は、現話者だけでは達成できず、参与者たち全員の視線配分の相互作用によって達成されるしかないのである。

また、7.3 の分析から、Duncan(1972)ら社会心理学者が論争してきた話者交替に関わる信号として視線行動が機能していないことがわかる。視線行動の有無による役割交替までの時差は観測されない。話者交替するか否かにかかわらず、常に先に現話者の視線行動や現話者と聞き手のうちの1人との視線交差が生じている。このことから、現話者はターンを委譲するかどうかにかかわらず、ある聞き手を見ており、ある聞き手と視線を交差させている。

これは、現話者（と視線を交差させている聞き手）の視線行動が、そのTCU後に交替が起こるか否かの信号となっているわけではないことの証拠である。著者は、この視線行動は、そのTCU後に話者交替が起こるか否かを決めるものではなく、そのTCU後に話者交替が起こったとしたらどの聞き手が次話者になるかを決めているものだと考える。つまり、参与者たちの視線行動は話者交替のタイミングに関わるものではなく、参与役割の配置に関わる装置であると考える。

　現話者を見続ける次話者や現話者から視線を外す非話者の視線行動は、話者状態信号と捉えられなくもない。しかしこれも、そのTCU末において参与役割の交替が生じることを占うものではなく、もしそのTCU末において参与役割の交替が起こったとしたら誰が次話者になるかを決めることに用いられていると考えられる。次話者側から見ると、現話者の視線を獲得することが次にターンを取るためのファーストステップである。これは、現話者が自分に対して次話者選択を行うように仕向ける手段とも考えられる。したがって、次ターンを得ようとする参与者は、現話者を見つめるという行為をTSZにおいて使用するといえる。ここでもし次ターンが取れなくとも、次のTCU末までさらに現話者を見つめ続ければ次話者に配置される確立が高くなる。そこで、次話者に配置されたいと思う聞き手は現話者を見つめ続けることが多くなる（表7.6）。これに対し、非話者（次話者にならない聞き手）に特徴的なのは、次話者を見続けるという行動である。次話者が非話者を見ることは稀なので、次話者を見ている限り、誰とも視線が交差しない。また、「現話者から次話者に目を移す」という行動も多いが、いつ現話者から次話者に視線を移すのか調べたところ、現ターンの終了が訪れる前に既に視線を移しているものが目立った。現話者と視線交差を生じると自分が次話者として選択されてしまうので、次ターンを必要としない非話者は、現話者の視線を回避するために、他の参与者に視線を向けておいたり、TCU末が訪れる前に視線移動したりすると考えられる。これは、次ターンを辞退する手段とみなせる。ただし、同じ結果を達成するために、「誰も見ない」という行動もありうる。しかし、実際には、次話者を見ることが多い。このことか

ら、単に次ターンを辞退する手段というよりも、「自分ではなくこの参与者を選べ」という他者を推薦する手段とみたほうがよいかもしれない。

7.5 まとめ

本章では、TCU 末において話者交替が円滑に生じうる区間(TSZ)に生じた参与者たちの視線行動を観察し、参与役割に応じた視線配分が見られることを明らかにした。

1. 次話者という参与役割の配置を達成するためには、話し手が次話者を見ているだけでは不十分であり、次話者も話し手を見ている必要がある。
2. 参与者たちの視線配布は、その TCU 末で話者交替が生じるか否かを決定する手段ではなく、その TCU 末で話者交替が生じたとしたらどの聞き手が次話者になるのかを決定する手段である。

本研究の斬新さは、多人数会話において複数の聞き手がいるという状態で、各参与者の視線配布行動を逐一調べた点にある。Duncan や Fiske、Kendon らが対象としたのは 2 人会話であり、参与役割の配置は予め決定されている。2 人会話では、聞き手は必ず次ターンの話し手になるからである。従って、視線配布による調整を行わなくても、誰が次話者になるのかという問題が顕在化することはない。彼らには、次話者選択という問題が念頭になかったが、本研究を通じて、視線配布というデバイスは、話者交替のタイミングを決定するものではなく、次話者を決定するものであることが示唆された。話者交替のメカニズムを解明していくためには、話者交替のタイミングだけではなく次話者選択問題を扱わなければならない。そのためには聞き手が複数人いる会話を観察することが必要である。

また、Sacks et al.(1974)は現話者による次話者選択テクニックとして、現話者が取るべき方法だけを挙げているが、本研究の分析を見れば、現話者による次話者選択テクニックは現話者によってのみ達成されるのではなく、参

与者たち全員、次話者になる聞き手も次話者にならない聞き手も関わった上で達成されていることは明らかである。これまで、話し手や次話者以外の参与者が脚光を浴びることはなかったが、非話者も会話の成り行きをただじっと身動きせずに見守っているだけではなく、会話の成り行きを進行させている立役者の1人であるということに、十分注意を払う必要があることを本研究で示した。

第 8 章　今後の展望

8.1　話者交替のタイミングに関わる研究

　TCU の完結可能点を投射する情報としては発話の統語的情報だけではなく、韻律情報や語用論的情報も利用可能であると言われている(Schegloff, 1988a; Levelt, 1989; Ford & Thompson, 1996)。Schegloff(1988b) は、ピッチパターンなどの韻律情報も重要な要因として取り上げている。Ford, Fox, and Thompson(1996a)は、韻律や語用論上の境界が約半数の統語的完結点に現れることを報告し、統語的・韻律的・語用論的完結点からなる複合的 TCU を提唱している。これらの研究は、TCU の完結可能点を投射するリソースとして、韻律・統語・語用論すべての情報を考慮しなければならないことを示している。

　しかし、これらの情報と TCU がどのように関係するのかを体系的に示した研究はいまだ少ない。会話参与者たちに利用されている韻律・統語・語用論情報といった TCU の構成成分を明らかにし、体系的・客観的に記述・分析することが必要である。本研究では、完結可能点を投射する情報として発話末要素がどのような役割を果たしているかを明らかにしたが、その他の情報が完結可能点の投射や予測にどのように利用されているかは明らかではない。

　榎本ほか(2004)、水上ほか(2005)では、相互行為に利用されている単位の検討を行い、TCU 完結可能点と TCU 非完結可能点を決定するにあたり、韻律情報・統語(形態素)情報・談話行為情報のどれが利用可能かを検討した

が、関連性が高いという有意な結果が得られたのは統語情報のみであった。その理由として、韻律情報の切れ目（アクセント句においてピッチリセットが生じる箇所）は１つの TCU の中で何度も出現するため、どれが TCU 完結可能点を表しているかは判別しがたいためである。また、談話行為情報（詳細は人工知能学会談話・対話研究におけるコーパス利用研究グループ(1999)を参照されたい）の切れ目は統語情報の切れ目でほとんどがカバーできるため、完結可能点の判別にとっては冗長な情報であったことも挙げられる。これらの結果は、統語情報中文末表現の出現するところにしか、韻律句末が来ず、これらは発話の中で冗長な情報であるという Koiso et al.(1998)、小磯・伝(2000)の結果と適合するものである。

　ただし、TCU 内に出現する休止区間における韻律情報は発話が継続することを表すかのようにピッチリセットが生じにくいことも最近のデータ分析から明らかになり（榎本ほか、2006a）、ある箇所が非完結可能点か完結可能点かを予測や確定する上で何らかの役割を担っていると考えられる。また、同様の箇所においてノンバーバル情報も貢献している可能性もある。例えば、複数個のジェスチャーが同一 TCU 内において生じるとき、非完結可能点におけるジェスチャーは完了する前に次のジェスチャーへと移行する（榎本ほか、2006a）。

　今後これらの情報が TCU 完結可能点を予測する上で聞き手にどのように利用されているかはさらに詳細な検討が必要である。

8.2　次話者選択に関わる研究

　次話者選択に関わる問題を扱った実証研究はこれまでほとんどない。Goffman(1981)や Clark(1994)によって、会話に参与する複数の聞き手のうちでは立場の異なる参与役割が割り振られていることは指摘されていたが、実データの分析は、高梨(2001、2002)、榎本(2003)、坊農・鈴木・片桐(2004)、森本(2004)に始まる。同時期から始まった、多人数会話における次話者選択問題に関わるワークショップ（高梨ほか、2004；伝ほか、2004；

榎本ほか、2006b)は、情報科学・言語学・心理学・会話分析・談話分析・コーパス会話研究・日本語教育と、会話を扱う諸分野の人々から関心を寄せられている。また、海外でも多人数会話熱は高まっており、2005年6月には南カリフォルニア大学において Multiparty Dialogue Workshop、2006年10月には東京工業大学において International Workshop on Beyond Two-party Task-oriented Dialogue が開催されている。また、Augmented Multi-party Interaction(AMI)、Computers in the Human Interaction Loop(CHIL)、Video Analysis and Content Extraction(VACE)といった多人数会話データを対象とするプロジェクトが次々と立ち上げられている。また、国内でも、平成18年度科研費基研究(B)「合意形成型の多人数インタラクションを対象とした会話構造抽出の研究」(代表者：片桐恭弘)が始まっている(片桐ほか、2006)。多人数会話研究というジャンルに黎明期が訪れていることは確かである。しかし、これまでの会話研究のほとんどが2人対話を対象にしており、それらの知見は必ずしも2人限定というわけではないとしても、3人以上への適用は可能性として語られているに過ぎない。多人数会話に対してこれまでの知見がそのまま応用できるか否かを今後十分に検討すべきである。

　本書では TSZ における次話者選択に関わる各参与者の視線行動を中心に分析したが(第7章)、著者は多人数会話における聞き手たちのちょっとした振る舞いに焦点を当てた分析を継続的に行っており(榎本・伝、2004；伝・榎本、2005；榎本・伝、2005)、参与者たちの視線配布行動、特に非次話者の視線の移し替えを引き起こすのは現行ターンにおいて何が生じているかということばかりではなく、その TCU に先行するやりとりの構造を反映していることを明らかにした。これは次話者選択が局所的に各 TRP において刷新されるわけではなく、それまでの発話連鎖の構造を引きずっている中局的な構造を反映して達成されていることを強く示すもので、Sacks et al.(1974)の話者交替システムでは捉えきれない現象である可能性が強い。

　ただし、ある聞き手が視線配布などにより現行ターンの addressee(受け手)になることと、彼が次ターンの話し手になることは一対一で対応するわけではないことに注意すべきである。現に、実会話の中には次話者にならない受

け手や受け手ではなかった次話者が数多く存在する。また現行ターンの受け手が1人になるとも限らない。原理的には聞き手は図8.1に表した通り4パターンの推移を現行ターンから次ターンにかけてたどりうる。(1)受け手＆次話者(2)受け手＆非次話者(3)非受け手＆非次話者(4)非受け手＆次話者のいずれかに聞き手は属すことになる。

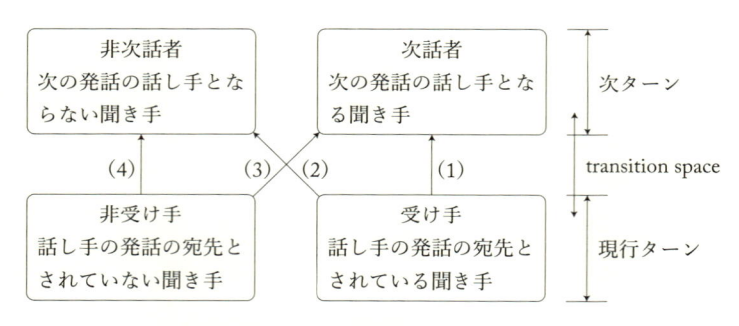

```
┌─────────────────┐   ┌─────────────────┐
│  非次話者        │   │   次話者         │    ↑
│ 次の発話の話し手と │   │ 次の発話の話し手と │    次ターン
│ ならない聞き手    │   │ なる聞き手       │    ↓
└─────────────────┘   └─────────────────┘
      ↑    (4)  (3) ╳ (2)    ↑            transition space
      │                       │
┌─────────────────┐   ┌─────────────────┐    ↑
│  非受け手        │   │   受け手         │    現行ターン
│ 話し手の発話の宛先と│   │ 話し手の発話の宛先と│    ↓
│ されていない聞き手 │   │ されている聞き手   │
└─────────────────┘   └─────────────────┘
```

図 8.1　受け手から次話者への変化パターン

　次話者選択問題を解くためには、まず現行ターンや transition space における参与者たち全員の行動を観察し、受け手はどのようにして決定され、次話者はどのようにして決定されるのかをそれぞれ分析することから始めなければならない。ところが、この分析は容易ではない。受け手という概念があまりにも曖昧に過ぎるからである。次話者は実際に次ターンを取ったものとして定義が容易であるが、受け手は「話し手の発話の宛先とされており、応答が期待されている聞き手」(Clark, 1994)とされているだけで、どのようなテクニックを使えば聞き手は発話の宛先となるのか、アドレス性と話者交替の問題については近年盛んに議論されている（高梨ほか、2004；伝ほか、2004）。

　著者は現在、受け手とは何かを調べるため、会話研究に関する学問的知識を持たない一般学生に「受け手ラベリング」を行ってもらっている（榎本・伝・松坂、2005、2006）。これは、会話に参与するものなら誰でもどの聞き手が受け手かをスムーズに判断できるはずである、と考えたためである。この研究は現在進行形であり、受け手の概念が明確になった暁には、受け手選

択問題・次話者選択問題が会話の参与者たちによってどのように解かれているのかが明らかになるであろう。

8.3 本研究が果たす他分野への貢献

　本研究と最も関連の強い工学分野はヒューマンインターフェースを構築・改善しようとする知能情報学である。本研究は、人間―人工物の円滑なコミュニケーションをサポートする会話のコミュニケーション・モデルを提供する。このモデルは、コンピュータを使いやすくする、ないしは、人間とコンピュータの間の情報の流れを円滑にするためには、言語・パラ言語・非言語といった様々な要因のうちどれが最も基礎的で重要な貢献を果たしているのかという知見を提供する。

　本研究で論じてきた、人間が行っている話者交替のメカニズムに関する知見を踏まえるなら、会話参与者の人数・参与者たちの出入り・発話の長さや会話の長さにかかわらず、円滑に人と会話のできる音声インターフェースや擬人化エージェント・ロボットを構築が可能になる。これらの人工物は以下の属性を実現することが可能になる。

発話生成部門
- 会話中のどこで発話を開始すればよいかといったタイミングを測れる。他の話者が発話末要素を利用すればその開始と共に発話を開始すればよい。発話の意味理解が追いつかない場合も、このタイミングでフィラーや談話標識の発話によって自己のターンを確保できる。
- 自己発話がどこで完結可能かを参与者全員に示すことができる。一度ターンを取った人工物が、どのような内容を話しきらなければならないかに応じて発話末要素を用いれば、他の聞き手たちにもこの計画が明らかになり、自己のターンを生成する時間を確保すると同時に、他の参与者たちが口を差し挟むタイミングも提供する。
- 日本語における話者交替規則を内在化するなら、会話の円滑さ・非円

滑さを発話開始のタイミングによって測り、もし会話の円滑さが損なわれているならこれを速やかに回復する発話を生成できる。発話末要素の開始遥か以前で他の参与者が発話を開始するようであれば、自己の発話を中断し、他の参与者の求めている発話内容に修正する。発話末要素を発話したにもかかわらず、誰も話し始めないなら、自己の発話を継続するか、他者が発話を開始できないのはなぜかを問い合わせたりできる。

- 複数の参与者が会話している中で人工物は誰に向かって話しており、誰から応答されることを必要としているかを示すことができる。自身の視線の向きを誰か1人の聞き手に宛て、TSZにおいてその聞き手と視線交差を確保できれば、その聞き手から応答を引き出せる。

発話理解部門

- 潜在的前完結可能点を事前に予測するなら、この単位で他者の発話をparsingしたのちに意味理解を進められる。発話をリアルタイムで処理するためには、出現した単語ごとに逐一後続しうる単語候補を予測し、意味理解を進めるのではなく、潜在的前完結可能点ごとに後続しうる文の候補を絞り込むことによって、処理容量を減らすことができる。
- 次ターンの発話開始位置を予め知ることができる。自己の発話や他者のターンに対して、他の聞き手がどこでターンを開始することになるかを予め予測できる。ターンの中に出現する潜在的前完結可能点や非完結可能点、前完結可能点の位置を予測・確定することで、次ターンが開始される場所を理解できる。
- 自分以外の他者が複数いる場面で、彼らのうち誰が次ターンを取るかを予め知ることができる。他の参与者たちの視線配布の相互作用を捉えることにより、誰が次話者候補者であるかを予測できる。

もちろん、このような属性を実現するためには、現在の人工物に利用可能

第8章 今後の展望 147

なデバイスを格段に改善することが前提となる。相手発話の音声的情報だけではなく、視線の向き等の非音声的情報の利用が必要である。しかし、現在の情報技術では、音声的情報に含まれる統語部分の解析ですら困難な状況にあり、極めて限られた状況でしか音声認識することができない。上記の属性を実現するためには、人間がそれを実現している手段以外の方法によって同じ結果を実現する方法を考えねばならない。人間は発話に含まれる統語情報や韻律情報をリアルタイムで解析することが可能であるため、これらの情報は互いに冗長なものとなっている。しかし、人工物に統語情報を取得することが困難であるならば、片方の韻律情報からターンの構造を理解する方法を模索すべきである。しかし、いずれにせよ本研究で取り上げたような人間のコミュニケーションのあり方が明らかになっていけば、そのコミュニケーションを結果的に実現するための工学的解を見つける道が開けるであろう。

第 9 章　結論

　本書では、会話の観察・分析・実験を通じて、日本語において話者交替を実現するために利用される情報—交替のタイミングを測るためには発話の統語的情報のうち発話末に出現する要素を用いれば十分であること、次話者を決定するためには先行発話中の参与者たち全員の視線配布を利用する必要があることを示し、日本語における話者交替のメカニズムが参与者たち自身によってどのように達成されているのかを明らかにしてきた。

　本書で明らかにしたことは以下の通りである。

第 4 章
日本語地図課題対話コーパスにおける重複現象を観察し、日本語では全発話の約半数に重複が生じており、これは「あいづち」などの TCU を構成しない発話が多いせいによるのではなく、一定以上の長さ・情報量をもつ発話に対しての重複がほとんど、全体の約 8 割であることを示した。

第 5 章
話し手の発話中の統語的情報——「です」や「ます」などの発話末に出現する要素が話者交替のタイミングを指し示すので、この要素の出現が聞き手認識されて以降が話者交替に適切な場所となり、多少の重複が生じても全く話者交替の円滑さを妨げるものではないことを実証した。

第 6 章
第 4 章で取り上げた発話末要素をトリガーとして聞き手が利用すれば、実際の会話で実現されているように極めて短時間のうちに話者交替が達成されること、これを利用しなければ円滑とは言いがたいほど話者交替までの時間が

かかることを検証し、話者交替時に聞き手が行っている認知的メカニズムのモデルを提唱した。

第7章

話者交替時における次話者選択という問題を取り上げ、次話者の選択は話し手のみによって達成されるのではなく、次話者になる聞き手も次話者にならない聞き手も関わっていること、各参与者の視線配布という行動は話者交替のタイミングを調整する信号ではなく、話者交替が生じたとしたら誰が次話者になるかを調整するデバイスであることを明らかにした。

　日本語には特に多いとされていた重複現象であるが、日本語地図課題対話コーパスを観察した結果、やはり会話の半数のうちの約8割、一定の情報量をもつ発話に対して重複が生じていることがわかった（第4章）。
　しかし、これらの重複は、ターン末への投射が不十分であるか、ターン末が発話末尾一帯に茫洋とTRPが広がっているせいで生じるのではない。日本語独自の統語的構成物である発話末要素が完結可能点表示装置となり、TCU完結可能点が投射された結果、聞き手が次発話を開始したことによる重複である。ここでの発話開始は前方からの大雑把な投射などに基づいているのではなく、日本語における話者交替規則からもたらされる必然の結果であり、聞き手がこの規則を遵守した結果生じていた現象であるといえる。完結可能点表示装置は、TCUのある地点以降において話者交替の適格さを質的に変化させる（第5章）。この装置を利用するならば、自動的に、話し手は上手くターンを渡すことができ、聞き手は上手くターンを取ることができる。この装置を聞き手がどのように利用しているかというモデルは第6章で示した通りである。発話末要素による完結可能点の表示は決定的であり、聞き手は、発話末要素を認識するやいなや次ターンを開始する。すると実際の会話で実現されているように極めて短時間での話者交替をもたらす。
　第7章では、話者交替時における次話者選択を扱ったが、次話者という参与役割を配置するにあたっては、話し手の視線行動だけではなく、次話者の視線行動も必要であり、現話者も次話者に見られている必要があることがわ

かった。これは、完結点表示装置である発話末要素が出現する前に聞き手が視線を逸らせてしまえば、現話者は次話者選択テクニックの必要条件であるaddresseeをロストするため、隣接ペア第一部分を使用したとしても次話者が選べるわけではないせいである。次話者選択は、現話者だけでは達成できず、参与者たち全員の視線配分の相互作用によって達成されるしかないと結論付けられる。

参考文献

Beattie, G. W. (1981a). Interruption in conversational interaction, and its relation to the sex and status of the interactants. *Linguistics*, 19, 15–35.

Beattie, G. W., & P. J. Bernard (1979). The temporal structure of natural telephone conversation. *Linguistics*, 17, 213–229.

Benett, A. T. (1981). Interruptions and the interpretation of conversation. *Discourse processes*, 4, 171–188.

坊農真弓・鈴木紀子・片桐恭弘. (2004). 多人数会話における参与構造分析―インタラクション行動から興味対象を抽出する. 認知科学, 11, 214–227.

Brunswik, E. (Ed.). (1969). *The conceptual framework of psychology*. Chicago: The University of Chicago Press.

Campbell, W. N. (1992). Segmental elasticity and timing in Japanese speech. In Y. Tohkura, E. V. Vatikiotis-Bateson, & Y. Sagisaka (Eds.), *Speech perception, production and linguistic structure* (pp. 403–418). Tokyo: Ohmsha.

Chomsky, N. (1957). Syntactic structures. The Hague: Mouton. (チョムスキー, N. 勇康雄訳 (1963). 文法の構造. 研究社出版.)

Chomsky, N. (1965). Aspects of the theory of syntax. Cambridge, MA: MIT Press. (チョムスキー, N. 安井稔訳 (1970). 文法理論の諸相. 研究社出版.)

Clancy, P. (1982). Written and spoken style in Japanese narratives. In D. Tannen (Ed.), *Spoken and written language* (pp. 55–76). Norwood, NJ: Ablex.

Clark, H. H. (1994). Discourse in production. In G. A. M. (Ed.), *Handbook of psycholinguistics* (pp. 985–1018). San Diego: Academic Press.

Clark, H. H. (1996). *Using language*. Cambridge: Cambridge University Press.

Coulthard, R. M. (1977). *An introduction to discourse analysis*. London: Longman.

Couper-Kuhlen, E. (1993). *English speech rhythm: Form and function in everyday verbal interaction*. Amsterdam: John Benjamins.

Davidson, J. (1984). Subsequent versions of invitations, offers, requests, and proposals dealing with potentioal or actual rejection. In J. M. Atkinson & J. Heritage (Eds.), *Structures *of social action: Studies in conversation analysis* (pp. 102–128). Cambridge: Cambridge University Press.

伝康晴. (2003). 受け手になること、次話者になること―話者交代規則再考. 人工知能学会研究会資料, A203, 107–112.

伝康晴・坊農真弓・榎本美香・細馬宏通・木村大治・串田秀也・森本郁代・高梨克也. (2004). ワークショップ「社会的相互行為におけるアドレス性とは何か」. 社会言語科学会第14回大会発表論文集, 241–250.

伝康晴・榎本美香. (2005). 聞き手のちょっとした振る舞いの相互作用について. 社会言語科学会第15回大会論文集, 238–241.

Dunbar, G. (1998). *Data analysis for psychology*. London: Arnold.

Duncan, J. S., & W. D. Fiske (1977). *Face-to-face interaction: Research, methods, and theory*. Hillsdale, NJ: Lawrence Erlbaum.

Duncan, S. J. (1972). Some signals and rules for taking speaking turns in conversations. *Jornal of Personality and Social Psychology*, 23, 283–92.

榎本美香. (2003). 会話の聞き手はいつ話し始めるか:日本語の話者交替規則は過ぎ去った完結点に遡及して適用される. 認知科学, 10, 291–303.

榎本美香. (2006). 会話を対象とする仮説検証型実験の手法. 伝康晴・田中ゆかり（編）, 講座社会言語科学第6巻『方法』(pp. 90–119). ひつじ書房.

榎本美香. (2007a). 日本語におけるターン構成単位の認知メカニズム. 社会言語科学, 9(2) 17–29.

榎本美香. (2007b). 発話末要素の認知と相互作用上の位置づけ. 串田秀也・定延利之・伝康晴（編）, 時間の中の文と発話(pp. 90–109). ひつじ書房.

榎本美香・赤木康宏・有本泰子・村田和義・朝泰博・佐川浩彦・中野有紀子. (2006a). 操作課題における情報授受のための行為の交換構造―wizard-of-oz法を用いたヒューマン・エージェント会話実験を通じて. Haiシンポジウム2006.

榎本美香・伝康晴. (2003). 3人会話における参与役割の交替に関わる非言語的行動の分析. 人工知能学会研究会資料, SIG-SLUD-A301, 25–30.

榎本美香・伝康晴. (2004). 3人会話における聞き手のちょっとした振る舞いについて. 社会言語科学会第14回大会論文集, 162–165.

榎本美香・伝康晴. (2005). 聞き手たちのちょっとした振る舞いと話し手の視線. 社会言語科学会第16回大会論文集, 240–243.

榎本美香・伝康晴・松坂要佐. (2005). 3人会話における談話行為と受け手のラベリングとその基礎的分析. 人工知能学会研究会資料, SIG-SLUD-A502, 7–12.

榎本美香・伝康晴・松坂要佐. (2006). 3人会話における談話行為と受け手のラベリングとその基礎的分析(2). 人工知能学会研究会資料, SIG-SLUD-A503, 3–8.

榎本美香・石崎雅人・小磯花絵・伝康晴・水上悦雄・矢野博之. (2004). 相互行為分析のための単位に関する検討. 人工知能学会研究会資料, SIG-SLUD-A402, 45–50.

榎本美香・高木南欧子・中井陽子・藤本学・坊農真弓・森本郁代・高梨克也・伝康晴. (2006b). 多人数インタラクションの多様性とダイナミズム—多人数インタラクションでは何が多くなるのか？社会言語科学会第14回大会発表論文集, 221–230.

榎本美香・土屋俊. (1999). 日本語地図課題対話における「はい」の分類. 日本語用論学会第2回大会予稿集, 54–59.

榎本美香・土屋俊. (2000). *Overlaps and interruptions: Toward a hearer's model of turn taking*. In Fourth workwhop on the semantics and pragmatics of dialogue, *Proceedings of Götalog 2000*, 71–78.

Ervin-Tripp, S. (1979). Children's verbal turn-taking. In E. Ochs & B. B. Schieffelin (Eds.), *Developmental pragmatics* (pp. 391–414). New York: Academic Press.

Ford, C. E., B. A. Fox & S. A. Thompson (1996a). Practices in the construction of turns: the 'TCU' revisited. *Pragmatics*, 6, 427–454.

Ford, C. E., B. A. Fox & S. A. Thompson (1996b). Practices in the construction of turns: the 'TCU' revisited. *Pragmatics*, 6, 427–454.

Ford, C. E. & J. Mori (1994). Causal markers in Japanese and English conversations: A cross-linguistic study of interactional grammar. *Pragmatics*, 4, 31–61.

Ford, C. E. & S. A. Thompson (1983). Turn-competitive incomings. *Journal of Pragmatics*, 7, 17–38.

Ford, C. E. & S. A. Thompson (1996). Interactional units in conversations: Syntactic, intonational, and pragmatic resources for the management of turns. In E. Ocks & E. A. S. S. A. Thompson (Eds.), *Interaction and grammar* (pp. 134–184). Cambridge: Cambridge University Press.

藤井洋子. (1995). 日本語の語順の逆転について—会話の中の情報の流れを中心に. 高見健一(編), 日英語の右方移動構文—その構造と機能(pp. 167–198). ひつじ書房.

藤原彰彦・正木信夫. (1998). 調音位置および調音様式の発話潜時への影響. 信学技報, SP97-88, 1–8.

Gardner, H. (1985). *The mind's new science: A history of the cognitive revolution*. New York: Basic Books Inc.(ガードナー, H. 佐伯胖・海保博之訳(1987)認知革命—知の科学の誕生と展開. 産業図書)

Garfinkel, H. (1964). Studies of the routine grounds of everyday activities. *Social Problems*, 11, 225–250.

Goffman, E. (1981). *Forms of Talk*. Pennsylvania: University of Pennsylvania Press.

Goodwin, C. (1981). *Conversational organization: Interaction between speakers and hearers*. New York: Academic Press.

後藤斎. (2003). 言語理論と言語資料―コーパスとコーパス以外のデータ. 日本語学, 22, 6–15.

Hayashi, M., J. Mori & T. Takagi (2002). Contingent achievement of co-tellership in Japanese conversation: An analysis of talk, gaze, and gesture. In C. E. Ford, B. A. Fox, & S. A. Thompson (Eds.), *The language of turn and sequence*. Oxford: Oxford University Press.

Hinds, J. (1982). *Ellipsis in Japanese*. Carbondale: Linguistic Research, Inc.

堀内靖雄・中野有紀子・小磯花絵・石崎雅人・鈴木浩之・岡田美智男・仲真紀子・土屋俊・市川熹. (1999). 日本語地図課題対話コーパスの設計と特徴. 人工知能学会誌, 14, 63–74.

岩原信九郎. (1951). 推計学による新教育統計法. 日本文化科学社.

Jefferson, G. (1983). On a failed hypothesis: 'conjunctional's as overlap-vulnerable'. *Tilburg Papers in Language and Literature*, 28, 1–33

Jefferson, G. (1984). Notes on some orderlinesses of overlap onset. In V. D'Urso & P. Leojardi (Eds.), *Discorse analysis and natural rhetorics* (pp. 11–38). Padua, Italy: CLEUP.

Jefferson, G. (1986). Notes on 'latency' in overlap onset. *Human Studies*, 9, 153–83.

Jefferson, G. (1989). Preliminary notes on a possible metric which provides for a 'standard maximum' silence of approximately one second in conversation. In D. Roger & P. Bull (Eds.), *Conversation: An interdisciplinary perspective* (pp. 166–196). Clevedon: Multilingual Matters.

Jefferson, G., & E. A. Schegloff (1975). *Sketch: Some orderly aspects of overlap onset in natural conversation*. Paper presented at the 74th Annual Meeting of the American Anthropological Association.

人工知能学会談話・対話研究におけるコーパス利用研究グループ. (1999). 様々な応用研究に向けた談話タグ付き音声対話コーパス. 人工知能学会研究会資料, SIG-SLUD-9903-4, 19–24.

片桐恭弘・石崎雅人・伝康晴・高梨克也・坊農真弓・松坂要佐・榎本美香. (2006). 合意形成型の多人数インタラクションにおける会話構造について. 電子情報通信学会技術報告書 106, 1–6.

Kendon, A. (1967). Some functions of gaze direction in social interaction. *Acta Psychologica*, 26, 22–63.

小磯花絵. (2007). 会話データの構築法―収録と書き起こし. 伝康晴・田中ゆかり（編）, 講座社会言語科学第6巻『方法』(pp. 170–186). ひつじ書房.

小磯花絵・伝康晴. (2000). 円滑な話者交代はいかにして成立するか―会話コーパスの分析にもとづく考察. 認知科学, 7(1), 93–106.

Koiso, H., Y. Horiuchi, S. Tutiya, A. Ichikawa & Y. Den (1998). An analysis of turn-taking and backchannels based on prosodic and syntactic features in Japanese map task dialogs. *Language and Speech*, 41 (3–4), 295–321.

国立国語研究所. (2006). 日本語話し言葉コーパスの構築法.

Kuno, S. (1973). *The structure of the Japanese language*. Cambridge: MIT Press.

串田秀也. (2006). 会話分析の方法と論理. 伝康晴・田中ゆかり（編）, 講座社会言語科学第6巻『方法』(pp. 188–206). ひつじ書房.

Leech, G. (1991). Corpus processing. In W. Bright (Ed.), *International encyclopedia of linguistics* (pp. 115–140). New York: Oxford University Press.

Lerner, G. H. (1991). On the syntax of sentences-in-progress. *Language in Society*, 20, 441–458.

Lerner, G. H. (1996). On the 'semi-permeable' character of grammatical units in conversation: conditional entry into the turn space of another speaker. In J. Gumperz (Ed.), *Interaction and grammar* (pp. 238–276). Cambridge: Cambridge University Press.

Levelt, W. J. M. (1989). *Speaking: from intention to articulation*. Cambridge, MA: MIT Press.

Levinson, S. C. (1983). *Pragmatics*. Cambridge: Cambridge University Press.

Local, J., & J. Kelly (1986). Projection and 'silence': Notes on phonetic and conversational structure. *Human science*, 9, 185–204.

メイナード, K. 泉子. (1993). 会話分析. くろしお出版.

Maynard, S. K. (1983). Flow of discourse and linguistic manipulation: Functions and constraints of the Japanese and English relative clause in discourse. *Proceedings of the 13th International Congress of Linguists*, 1028–1031.

宮埜壽夫. (1993). 心理学のためのデータ解析法. 培風館.

水上悦雄・石崎雅人・榎本美香・小磯花絵・伝康晴・矢野博之. (2005). 相互行為のための単位に関する検討(2). 言語処理学会第11回年次大会発表論文集 1233–1236.

Mori, J. (1999). *Negotiation agreement and disagreement in Japanese: Connective expressions and turn construction*. Amsterdam: John Benjamins.

森敏昭・吉田寿夫. (1990). 心理学のためのデータ解析テクニカルブック. 北大路書房.

森本郁代. (2004). 多人数会話における聞き手アドレスの多重性―話者交替場面を中心に. 社会言語科学会第 14 回大会発表論文集, 146–149.

Murray, S. O. (1985). Toward a model of members' methods for recognizing interruptions. *Language in Society*, 14, 31–40.

Ono, T., & R. Suzuki (1992). Word order variability in Japanese conversation: Motivation and grammaticization. *Text*, 12, 429–445.

Orestrom, B. (1983). *Turn-taking in English conversation*. Lund: CWK Gleerup.

Osgood, C. E., & T. A. Sebeok (Eds.). (1954). *Psycholinguistics: a survey of theory and research problems*. Baltimore: Waverly Press.

Peterfalvi, J. -M. (1970). *Introduction a la psycholinguistique*. Paris: Presses Universitaires de France. (ペテルファルヴィ, J. -M.　芳賀順・古川直世訳(1983)心理言語学入門. 研究社出版)

サーサス, G.・H. ガーフィンケル・H. サックス・E. シェグロフ　北沢裕・西坂仰訳 (1989). 日常性の解剖学. マルジュ社.

Rutter, D. R. (1978). Visual interaction in schizophrenic patients: The timing of Looks. *British Journal of Social and Clinical Psychology*, 17, 281–282.

Sacks, H. (1992). Lectures on conversation. Oxford: Blackwell.

Sacks, H., E. A. Schegloff & G. Jefferson (1974). A simplest systematics for the organization of turn-taking for conversation. *Language*, 50(4), 696–735.

Schegloff, E. A. (1968). Sequencing in conversational openings. *American Anthropologist*, 70, 1075–95.

Schegloff, E. A. (1972). Notes on a conversational practice: Formulating place. In D. Sudnow (Ed.), *Studies in social interaction* (pp. 75–119). New York: Free Press.

Schegloff, E. A. (1988a). Discourse as an interactional achievement II: An excercise in conversation analysis. In D. Tannen (Ed.), *Linguistics in context: Connecting observation and understanding* (pp. 139–153). Norwood, NJ: Ablex.

Schegloff, E. A. (1988b). Presequences and indirection: Applying speech act theory to ordinary conversation. *Journal of Pragmatics*, 12, 55–62.

Schegloff, E. A. (1996a). Confirming allusions: Toward an empirical account of action. *American Journal of Sociology*, 102(1), 161–216.

Schegloff, E. A. (1996b). Turn organization: One intersection of grammar and interaction. In E. Ocks, E. A. Schegloff, & S. A. Thompson (Eds.), *Interaction and grammar* (pp. 52–133). Cambridge: Cambridge University Press.

Schegloff, E. A. (2000). Overlapping talk and the organization of turn-taking for conversation. *Language in Society*, 29, 1–63.

Schegloff, E. A., G. Jefferson, & H. Sacks (1977). The preference for self-correction in the organization of repair in conversation. *Language*, 53 (2), 361–382.

Schegloff, E. A., & H. Sacks (1973). Opening up closings. *Semiotica*, 8, 289–327.

Schutz, A. (1970). *On phenomenology and social relations*. Illinois: University of Chicago Press.

Shannon, C. E., & W. Weaver (1949). *The mathematical theory of communication*. Illinois: University of Illinois Press.

芝裕順・南風原朝和. (1990). 行動科学における統計解析法. 東京大学出版会.

Sinclair, J. (1991). *Corpus, concordance, collocation*. Oxford: Oxford University Press.

Sinclair, J. McH., & R. M. Coulthard (1975). *Towards an analysis of discourse: The English used by teachers and pupils*. London: Oxford University Press.

Stabbs, M. (1983). *Discourse analysis*. Chicago: University of Chicago Press.

Steinberg, D. D. (1982). *Psycholinguistics: Language, Mind and World*. London: Longman.

菅原和孝. (2005). コミュニケーションの人類学をめぐるいくつかの問題. 会話情報学ワークショップ. 京都. 高梨克也. (2001). 三人会話原理―聞き手デザインと参与の編成. 社会言語科学会第 10 回研究大会予稿集, 255–260.

高梨克也. (2001). 三人会話原理―聞き手デザインと参与の編成. 社会言語科学会第 8 回研究大会予稿集, 255–260.

高梨克也. (2002). 会話連鎖の組織化過程における聞き手デザインの機能. 社会言語科学会第 10 回研究大会予稿集, 191–196.

高梨克也・伝康晴・榎本美香・森本郁代・坊農真弓・細馬宏通・串田秀也. (2004). ワークショップ「多人数会話における話者交替再考―参与構造とノンバーバル情報を中心に―」. 社会言語科学会第 13 回大会発表論文集, 144–153.

Tanaka, H. (1999). *Turn-taking in Japanese conversation: A study in grammar and interaction*. Amsterdam: John Benjamins.

田中敏・山際勇一郎. (1989). ユーザーのための教育・心理統計と実験計画法. 教育出版.

Thomas, A. P., & P. E. Bull (1981). The role of pre-speech posture change in dyadic interaction. *British Journal of Social Psychology*, 20, 105–111.

Turner, R. (1974). *Ethnomethodology: Selected readings*. Baltimore: Penguin Books.

Wilson, T. P., & F. H. Zimmerman (1986). The structure of silence between turns in two-party conversation. *Discourse Processes*, 9, 375–390.

索引

A

Acknowledgements　60
address　18
addressee　137

B

Brown コーパス (Brown Corpus)　37, 40

C

Collaborative completions　60

L

LOB コーパス　38, 40

R

Recycled turn beginnings　61

T

terminal overlap　16
transition space　15, 144
TRP へと質的に変化　95

あ

あいづち　59, 63
頭の向き　129

い

医学校ニセ面接実験　29
逸脱解消装置　30
因果関係　50

う

受け手 (addressee)　123, 137
受け手自己選択手段　124

え

エスノメソドロジー　26

お

音声インターフェース　145
音声的トラブル　84

か

会話分析　26
カウンターバランス　52
撹乱変数 (nuisance variable)　51
完結可能点 (possible completion point)　13, 76
完結可能点表示装置 (possible completion point indicator)　79–81, 87, 95, 107
完結可能点を投射する TCU の要素　14

き

擬人化エージェント・ロボット　145
規則性　30, 31
規則への指向　97
客観的に必然的　27
共起頻度　44
共通するパターン　31

け

結果の般化性　26, 35, 45, 54
研究仮説　50
言語心理学　47

こ

構成主義心理学　47
行動主義心理学　48
コーパス（corpus）　37
コーパスデザイン　41
混入してしまった要因　120

さ

差異法　50
作業仮説　50
参与役割の配置　124

し

指向　30
自己選択　9
自己選択テクニック　19
視線　19, 124, 129
視線交差　133
視線による参与役割の調整　124
実験計画　50
実験統制　54
実験要因　50
社会の成員の活動　30
従属変数　50, 135
循環法（rotation method）　52
承認　63
承認された参与者（ratified participant）　123
情報理論　48
除去　51
次話者　131
次話者選択　9
次話者選択手段　124
次話者選択テクニック　18, 137
次話者選択問題　144
心理的実験手法　50

せ

生起頻度　43
生態学的妥当性　26, 34, 45, 54
説明的妥当性　26, 46, 54
説明的妥当性の放棄　36
説明変数　50
前完結可能点（pre-possible completion point）　13, 75, 76, 79–81
潜在的前完結可能点（potential pre-possible completion point）　79–81, 95, 105
潜在的前完結可能点の有無　110, 114
潜在的な規定　28

そ

相互行為　30
操作的統制　52
遡及的に　79–81, 106
測定変数　50
組織化　30

た

ターン（turn）　8, 75, 98
ターン完結地点　76

ターン構成単位（turn constructional unit; TCU） 8
ターン構成単位の境界 82
ターン構成要素（turn-constructional component） 8
ターン配分要素（turn-allocation component） 9, 18
ターン配列テクニック 9
タイムラグ 87, 109
タグ付け 43
タグの設定 43
立ち聞き者（overhearer） 123
多人数会話 124

ち

重複 16, 81

て

適当なサイズのサンプル 39

と

同期 42, 129
統計的推定 54
統計的モデル 44
投射（project） 13, 76, 104
統制 51
独立変数 50, 135
トランスクリプト 31, 42
トリガー 103, 107

な

内観法 48

に

日本語地図課題対話コーパス 23, 64
日本語話し言葉コーパス（CSJ） 40

は

発動点 120
発話潜時 87, 88, 94
発話末要素 75, 77, 95, 103
発話末要素の有無 110, 115
話し手（speaker） 123
バランスのとれたコーパス 40
反証可能性 26, 33, 45, 53
反応開始推定時間 114
反応潜時 112

ひ

被験者内計画 84
ヒューマンインターフェース 145
標準刺激 90
標本サイズ 52
非話者 131

ふ

フィラー 64
復唱 63
ブロック化 52
文法的終結点 105
文脈感応性（context sensitive） 34
文脈自由性（context free） 34

へ

変形可能性 77

変形規則　49
返答　63

ほ

妨害（interruption）　17
妨害的重複　75
妨害度　81, 88, 92, 95
傍参与者（side-participant）　123
補完　63
母集団　52

ま

マグニチュード推定法　90

み

ミクロ　32

む

無作為化　52
無作為標本　52
無標な位置（unmarked next position）　15
無標な重複　16, 75

よ

予測　104

り

リソース　14
隣接ペア　9
隣接ペア第一部分　124

る

類似性　32

れ

歴然たる事実　27
連鎖構造　32

わ

話者交替が円滑に生じうる区間（Transition Safety Zone）　132
話者交替適格場（transition-relevance place; TRP）　14, 75
話者交替に関わる信号　125

あとがき

　本書は、2007 年度 1 月に千葉大学大学院・自然科学研究科へ提出した博士論文「聞き手はいつ話し始めるか―日本語における話者交替のメカニズム」をもとに、平成 20 年度日本学術振興会研究成果公開促進費（学術図書）の交付（課題番号 205215）を受けて刊行されたものである。

　各章とすでに公刊した論文との関係は以下の通りである。

- 第 4 章　榎本・土屋（2000）Mika Enomoto and Syun Tutiya, Overlaps and Interruptions: Toward a hearer's model of turn taking, Fourth Workshop on the Semantics and Pragmatics of Dialogue, *Proceedings of Götalog 2000*, pp.71–78, 2000 年 6 月
- 第 5 章　榎本（2003）榎本美香, 会話の聞き手はいつ話し始めるか: 日本語の話者交替規則は過ぎ去った完結点に遡及して適用される, 認知科学, Vol.10, pp.291–303, 2003 年 6 月
- 第 6 章　榎本（2007a）榎本美香, 日本語におけるターン構成単位の認知メカニズム, 社会言語科学, Vol.9, No.2, pp.17–29, 2007 年 3 月
- 第 7 章　榎本・伝（2003）榎本美香・伝康晴, 3 人会話における参与役割の交替に関わる非言語的行動の分析, 人工知能学会研究会資料, SIG-SLUD-A301, pp.25–30, 2003 年 7 月

　また、第 5 章及び第 6 章をまとめたものが、ひつじ書房から発刊されているシリーズ「文と発話」第 3 巻『時間の中の文と発話』（榎本, 2007b）に掲載されている。

　著者は 1998 年より 9 年間千葉大学大学院の博士課程に在学し、その間に行った研究の一部を本書にまとめた。9 年という数字を見れば非常に長い期

間のようであるが、実際に過ごしてみれば十年一日のごとく、あっという間の出来事であったように感じられる。

　認知心理学を専攻とする著者と会話研究の出会いは、千葉大学文学部・土屋俊教授との出会いでもあった。千葉大学大学院博士課程の入試で、間接的言語行為はどのような表現パターンで生起するかという自身の修士論文「状況に埋め込まれた聞き手はどのように拒否発話をするか」を発表した際、言語行為の専門家である土屋教授が審査員の1人として参加しておられた。そして、私の発表時間のほとんどは土屋教授の「直接的言語行為とは何か」という発言によって費されたのである。私が進学を希望していた現北海道大学大学院文学研究科・仲真紀子教授（当時は、千葉大学教育学部・助教授）が、懸命に土屋俊教授の発言を中断してくださったとこを憶えている。今から振り返れば、私の修士論文は、どういう発話内容をとある文脈で行うかといったアンケート調査に基づくもので、リアルタイムに生じる生の会話研究からは程遠いものであった。

　千葉大学大学院に入学するや否や、土屋教授が conference chair を務めた "Third International Workshop for Discourse Research Initiative" という対話コーパスの開発と設計に関する国際ワークショップが開かれた。土屋先生は、まだ「コーパス」とは何かについて何の知識もなかった私に当会議の書記をまかせてくださり、実に様々なコーパス研究者に紹介してくださった。当会議には、当時 AT&T 研究所に居られた Julia Hirschberg 氏や Diane Litman 氏、エジンバラ大学の Ellen Bard 氏や Jean Carletta 氏などが参加していた。しかし、私にとっての大きな出会いは現東京大学情報学環准教授（当時、北陸先端科学技術大学院大学助教授）の石崎雅人氏であった。この Workshop の運営補佐をされていた石崎先生は、この会議の後から、土屋先生と行うことになった『日本語地図課題コーパス』の研究を陰ながらそっと応援してくださった。1998年から2000年にかけて土屋先生との共同研究で行った研究をまとめたものが第4章である。土屋先生は図書館長としての膨大な職務をこなす合間を縫って、研究の指針に関する議論や論文の執筆に付き合ってくださった。また、千葉大学大学院融合科学研究科准教授（当時、

千葉大学工学部助手)・堀内靖男氏はこの土屋先生との議論にいつも参加してくださった。

　2000年の2月には、ちょうど1回分の海外渡航費が余ったとのことで、Stanford大学のHerb. H. Clark氏に会いに行かせていただいた。Clark氏は私の憧れの研究者であり、いつも私が研究の岐路に立つたび彼の論文が背中を押してくれる。修士に入って認知心理学を選択した直後に出会ったのが、クラーク&クラークの『心理言語学』(新曜社)であり、博士に入って話者交替時の聞き手の対話方略を研究対象としようとしたときに出会ったのが、Herb. H. Clark著の"Arenas of Language Use"(The University of Chicago Press)であった。現在、私の手元にあるこの本にはClark氏直筆サインが入っている。Clark氏は、彼の著作を読んで感じるそのままに、簡潔かつスマートな議論を組み立てるユーモアたっぷりの人物であった。このClark氏との出会いを仲介してくださったのが、その時ちょうどClark氏の所で客員研究員をされていた現千葉大学教授・伝康晴氏(当時は、奈良先端科学技術大学院大学・助教授)であった。私のたどたどしい英語を補填してくださり、また、自分も議論に参加して、Clark氏との対談を非常に有意義なものとしてくださった。このとき別れ際に、Clark氏が伝先生に「君が彼女と共同研究をすればいいんじゃないか」と冗談におっしゃっていたことが思い出される。

　2000年6月からの1年間は、研修研究員としてATR知能映像通信研究所に赴任した。これは、研究者として社会に出る前に、研究所で社会生活を送ってこい、そしてあわよくば博士論文を仕上げてこいという土屋先生の教育的配慮の賜物による。そこでお世話になったのが、現公立はこだて未来大学教授・片桐恭弘氏(当時、ATR知能映像通信研究所・第4研究室室長)であった。片桐先生や第4研究室のメンバーとの出会いは、私が研究者としてはまだ全くの未熟者であることを私に思い知らせることになる。対等に議論の相手をしてくださった片桐先生には全く歯が立たず、また、研究環境や実験装置を組み立てるのには研究室の誰かの助けを借りねばならなかった。博士論文を仕上げるというのは無謀な計画に思えるようになった。そんな折、

よく相談し、また研究の話を共に語り合ったのが、第4研究室の同僚であった野口広彰氏、情報通信研究機構 NICT（旧通信総合研究所 CRL）の専攻研究員として同じ建物に赴任された高梨克也氏であった。よく3人で会話分析や言語学について議論しあったものである。昼食に3時間かかることもあれば、朝まで議論が続くこともあった。

この時期、大阪教育大学教授・串田秀也氏が関西で開催されている「会話分析読書会」に野口氏や高梨氏と毎月出席するのが恒例となっていた。滋賀県立大学人間文化学部准教授・細馬宏通氏、京都大学人間・環境学研究科准教授・木村大治氏、関西学院大学准教授・森本郁代氏といったメンバーが常連であり、この会を通じて、会話分析について非常に多くのことを学ばせていただいた。

ATRの任期が終了すると、自身の研究者としての技術を向上させねばならないという大きな課題をもって、千葉大学へ戻った。当面の課題を、(1)論理的議論を組み立てられるようになること、(2)自身の研究のためのプログラムを書けるようになること、(3)統計処理までを含む実験計画を組めるようになることとし、これらができるようになるまでは博士課程を卒業できないと考えていた。私にとって非常に幸いであったのは、これらの技術すべてに精通した伝先生が、新たに千葉大学に赴任されていたことであった。2001年に千葉大学へ戻ってより2007年3月にを卒業するまでの間、伝先生には非常に多くのことを教えていただいた。プログラミングや統計処理といった計算機処理技術だけでなく、言語学や会話分析に関する学問的知識、論理的思考法等々数え上げれることができないほど多くのことを学ばせていただいた。伝先生はよく「俺が居たら便利でええなあ」と自らおっしゃっていた。第5章、第6章の研究は日々の伝先生との議論の中で生成されたものである。

また、統計に関しては、現大学入試センター研究開発部長(当時、千葉大学文学部教授)の宮埜壽夫氏からも多くのことを学ばせていただいた。心理統計の専門家である宮埜先生は、正解がなく、真摯に答えようとすると非常に難しい質問にも明解に答えてくださった。特に、ひつじ書房から刊行され

ている『講座社会言語科学 6：方法』(伝康晴・田中ゆかり (編)) の第 3 部「会話を対象とする仮説検証型実験の手法」には、宮埜先生の教えが随所に反映されている。

　本書第 7 章は、京都大学大学院情報学研究科教授・西田豊明氏率いる学術創成研究費研究「人間同士の自然なコミュニケーションを支援する知能メディア技術」によって始めさせていただいた研究である。研究分担者である伝先生の研究支援者として雇用していただいた。会話を収録するための機材を集めるところから始め、発話の書き起こしや非言語情報のタグ付けの方法などひとつひとつについて伝先生と議論できたことは、会話を扱うための血肉となっている。

　そして、本書の下となった博士論文を仕上げるにあたり、現早稲田大学人間科学学術院客員教授(当時、千葉大学大学院自然科学研究科教授)・市川熹氏には、博士論文を何度も最初から最後までお読みいただき、どのような分野の人であれ理解可能な形にまとめるにあたり尽力くださった。市川先生は私の博士課程における主指導教官であり、私が一研究者として独立するために、9 年間弛まぬ助言をし続けてくださった方である。「土屋さんや伝くんの力を借りて論文を書くなら、博士論文として認めない」と何年も言い続けてくださった。この言葉がなければ、第 5 章や第 6 章の元となった論文を単著としてまとめられていなかったかもしれない。

　最後に、長きに渡って私を育ててくださった皆様に心よりお礼申し上げます。研究者として自身の持つ術や知識をすべて伝授しようとしてくださった伝康晴先生に感謝します。会話研究という世界に目を開かせてくださった土屋俊先生に感謝いたします。心理統計や実験デザインの面白さに気づかせてくださった宮埜壽夫先生に感謝します。長きに渡り暖かく見守ってくださった仲真紀子先生、石崎雅人先生、堀内靖男先生に感謝いたします。常に私が研究者となることを信じてくださった市川熹先生に感謝いたします。研究者として自立することへの自覚を与えてくださった片桐恭弘先生、ATR 旧第 4 研究室の皆様に感謝いたします。いつも議論につきあってくれた野口彰広氏、高梨克也氏に感謝します。会話分析という魅惑的学問への入り口を開い

てくださった会話分析読書会のメンバーに感謝いたします。会話をゼロから収集するという機会を与えてくださった西田豊明先生に感謝いたします。また、研究の枠を超えて心温まる時間を共にすごさせていただいた市川研究室・土屋研究室の皆様に感謝します。最後に、本書の作成に要した長い年月、学業を最優先する私の我がままにひとつの文句も言わず、暖かく応援しつづけてくれた夫・西本道裕に感謝します。ありがとうございました。

【著者紹介】

榎本 美香（えのもと みか）

〈略歴〉滋賀県出身。ATR知能映像通信研究所研修研究員、東京農工大学工学府・工学部産学官連携研究員、東京工科大学片柳研究所メディアテクノロジーセンター嘱託研究員を経て、東京工科大学メディア学部助教。2008年、千葉大学大学院自然科学研究科博士課程後期情報科学専攻修了。博士（学術）。

〈主な著書・論文〉「会話を対象とする仮説検証型実験の手法」（共著、『講座社会言語科学 第6巻「方法」』ひつじ書房2006）「発話末要素の認知と相互作用上の位置づけ」（共著、『シリーズ 文と発話 第3巻「時間の中の文と発話」』ひつじ書房2007）「日本語におけるターン構成単位の認知メカニズム」（『社会言語科学』Vol.9 No.2 2007）

ひつじ研究叢書〈言語編〉第69巻
日本語における聞き手の話者移行適格場の認知メカニズム

発行	2009年2月14日 初版1刷
定価	6800円＋税
著者	Ⓒ 榎本美香
発行者	松本 功
本文フォーマット	向井裕一（glyph）
印刷所	株式会社 ディグ
製本所	株式会社 中條製本工場
発行所	株式会社 ひつじ書房
	〒112-0011 東京都文京区千石2-1-2 大和ビル2階
	Tel.03-5319-4916 Fax.03-5319-4917
	郵便振替 00120-8-142852
	toiawase@hituzi.co.jp　http://www.hituzi.co.jp

ISBN978-4-89476-402-6

造本には充分注意しておりますが、落丁・乱丁などがございましたら、小社かお買上げ書店にておとりかえいたします。ご意見、ご感想など、小社までお寄せ下されば幸いです。

【シリーズ 文と発話】

全3巻　串田秀也・定延利之・伝康晴編　各 3,200 円 + 税

- 第1巻　活動としての文と発話
- 第2巻　「単位」としての文と発話　〈2008年9月刊行〉
- 第3巻　時間の中の文と発話

【講座社会言語科学】

全6巻　各 3,200 円 + 税

- 第1巻　異文化とコミュニケーション　井出祥子・平賀正子編
- 第2巻　メディア　橋元良明編
- 第3巻　関係とコミュニケーション　大坊郁夫・永瀬治郎編　〈2009年2月刊行〉
- 第4巻　教育・学習　西原鈴子・西郡仁朗編　〈2008年9月刊行〉
- 第5巻　社会・行動システム　片桐恭弘・片岡邦好編
- 第6巻　方法　伝康晴・田中ゆかり編